근현대 전법 선맥(傳法禪脈)

75조 경허 성우(鏡虛 惺牛) 전법선사

오도송

홀연히 콧구멍 없는 소 되라는 말끝에	忽聞人語無鼻孔
삼천계가 내 집임을 단박에 깨달았네	頓覺三千是我家
유월의 연암산을 내려가는 길에서	六月鷰岩山下路
일없는 야인이 태평가를 부르노라	野人無事太平歌

76조 만공 월면(滿空 月面) 전법선사

전법게

구름과 달, 산과 계곡이라, 곳곳에서 같음이여	雲月溪山處處同
선가의 나의 제자 수산의 큰 가풍일세	叟山禪子大家風
은근히 무문인을 그대에게 분부하니	慇懃分付無文印
이 기틀의 방편이 활안 중에 있노라	一段機權活眼中

* 제75조 경허 성우 전법선사 전함 / 제76조 만공 월면 전법선사 받음

77조 전강 영신(田岡 永信) 전법선사

전법게

불조도 전한 바 없어서	佛祖未曾傳
나 또한 얻은 바 없음을…	我亦無所得
가을빛 저물어 가는 날에	此日秋色暮
뒷산의 원숭이가 울고 있네	猿嘯在後峰

* 제76조 만공 월면 전법선사 전함 / 제77조 전강 영신 전법선사 받음

78대 대원 문재현(大圓 文載賢) 전법선사

전법게

부처와 조사도 일찍이 전한 것이 아니거늘	佛祖未曾傳
나 또한 어찌 받았다 하며 준다 할 것인가	我亦何受授
이 법이 2천년대에 이르러서	此法二千年
널리 천하 사람을 제도하리라	廣度天下人

부송(付頌)

어상을 내리지 않고 이러—히 대한다 함이여	不下御床對如是
뒷날 돌아이가 구멍 없는 피리를 불리니	後日石兒吹無孔
이로부터 불법이 천하에 가득하리라	自此佛法滿天下

* 제77조 전강 영신 전법선사 전함 / 제78대 대원 문재현 전법선사 받음

이 오도송과 전법게는 대원 문재현 선사님께서 법리에 맞도록 새롭게 번역한 것입니다.

불조정맥 제 77조 대한불교 조계종 전강 대선사님께서는, 16세에 출가하여 23세 때 첫 깨달음을 얻고 25세에 인가를 받으셨다. 당대의 7대 선지식인 만공, 혜봉, 혜월, 한암, 금봉, 보월, 용성 선사님의 인가를 한 몸에 받으셨으며, 이 중 만공 선사님께 전법게를 받아 그 뒤를 이으셨다. 당대의 선지식들이 모두 극찬할 정도로 그 법이 뛰어나서 '지혜제일 정전강'이라 불렸다.

33세의 최연소의 나이로 통도사 조실을 하셨고, 법주사, 망월사, 동화사, 범어사, 천축사, 용주사, 정각사 등 유명선원 조실을 역임하시고 인천 용화사 법보선원의 조실로 일생을 마치셨다.

1975년 1월 13일, 용화사 법보선원의 천여 명 대중 앞에서 "어떤 것이 생사대사(生死大事)인고?" 자문한 후에 "악! 구구는 번성(飜成) 팔십일이니라."라고 법문한 뒤, 눈을 감고 좌탈입망하셨다.

다비를 하던 날, 화려한 불빛이 일고 정골에서 구슬 같은 사리가 무수히 나왔다. 열반하시기까지 한결같이 공안 법문으로 최상승법을 드날리셨으니 그 투철한 깨달음과 뛰어난 법, 널리 교화하기를 그치지 않으셨던 점에 있어서 한국 근대 선종의 거목이라 일컬어지고 있다.

불조정맥 제78대 대원 문재현 전법선사님
– 양대 강맥 전강대법회에서 법문 중 할을 하시는 모습

오로지 정법만을 깨닫기 서원합니다.

입을 열면 정법만을 설하기 서원합니다.

중생이 다하는 그날까지 교화하기 서원합니다.

– 대원 문재현 전법선사의 3대 서원

불교 8대 선언문

불교는 자신에게서 영생을 발견하게 한 유일한 종교이다.
불교는 자신에게서 모든 지혜를 발견하게 한 유일한 종교이다.
불교는 자신에게서 모든 능력을 발견하게 한 유일한 종교이다.
불교는 자신에게서 모든 것을 이루게 한 유일한 종교이다.
불교는 자신에게서 극락을 발견하게 한 유일한 종교이다.
불교는 깨달으면 차별 없어 평등하다는 유일한 종교이다.
불교는 모든 억압 없이 자신감을 갖게 한 유일한 종교이다.
불교는 그러므로 온 누리에 영원할 만인의 종교이다.

– 대원 문재현 전법선사 주창

전세계의 불교계에서 통일시켜야 할 일

경전의 말씀대로 32상과 80종호를 갖춘 불상으로 통일해야 한다.

예불 드리는 법을 통일해야 한다.

불공의식을 통일해야 한다.

– 대원 문재현 전법선사 주창

2015년 성불사 국제정맥선원 하계수련회 중 대원 문재현 선사님의 선화지도

대방광불화엄경

大方廣佛華嚴經

제 6 권

여래현상품

如來現相品

도서출판 문젠(구, 바로보인)은 정맥선원에서 운영하고 있습니다.

* 인제산(人濟山) 성불사(成佛寺) 국제정맥선원
  경기도 포천시 내촌면 소리개길 86-178 ☎ 031-531-8805
* 인제산(人濟山) 이룬절 포천정맥선원
  경기도 포천시 내촌면 소리개길 86-123 ☎ 031-532-1918
* 도봉산(道峯山) 도봉정사(道峯精舍) 서울정맥선원
  서울시 도봉구 도봉로 921 문젠빌딩 2층 ☎ 02-3494-0122
* 백양산(白楊山) 자모사(慈母寺) 부산정맥선원
  부산시 동래구 아시아드대로 114번길 10 대륙코리아나 2층 212호 ☎ 051-503-6460
* 자모산(慈母山) 육조사(六祖寺) 청도정맥선원
  경북 청도군 매전면 동산리 산 50 ☎ 010-4543-2460
* 광암산(光巖山) 성도사(成道寺) 광주정맥선원
  광주광역시 광산구 삼도광암길 34 ☎ 062-944-4088
* 대통산(大通山) 대통사(大通寺) 해남정맥선원
  전남 해남군 화산면 송계길 132-98 중정마을 ☎ 061-536-6366

바로보인 불법 ⊛

화 엄 경 6권

초판 1쇄 펴낸날 단기 4349년, 불기 3043년, 서기 2016년 10월 5일

역   저   대원 문재현 선사
펴 낸 곳   도서출판 문젠(Moonzen Press)
              11192, 경기도 포천시 내촌면 소리개길 86-178
              전화 031-534-3373 팩스 031-533-3387
신 고 번 호   2010.11.24. 제2010-000004호

윤 문 교 정   진성 윤주영, 증연 강영미
편 집 제 작   도명 정행태
전자책 제작   도항 하가연
표 지 그 림   현정(玄楨)
인   쇄   가람문화사

도서출판문젠   www.moonzenpress.com
정 맥 선 원   www.zenparadise.com
사막화방지국제연대(IUPD) www.iupd.org

ⓒ 문재현, 2016. Printed in Seoul, Republic of Korea
값 15,000원
ISBN 978-89-6870-006-4 04220
ISBN 978-89-6870-000-2 (전81권)

華嚴十無頌 화엄십무송

- 대원 문재현 선사

無相法性常顯前
상이 없는 법성은 언제나 드러나 있고

無性諸法如谷響
성품이 없는 모든 법은 골짜기에 메아리 같도다

無外作處是自在
밖이 없이 짓는 곳을 이 자재라 하는 것이니

無非華嚴大道場
화엄 대도량 아님이 없음이로다

無窮無盡光神通
궁구할 수 없고 다함 없는 광명의 신통에서

無不出生三千界
삼천대천세계가 나오지 않음이 없도다

無碍相卽大自在
걸림이 없이 서로 즉한 대자재여

無爲之法是日常
함이 없는 법이 일상이로다

無有定法隨狀況
정한 법 없어 상황을 따름이여

無上無爲妙菩提
위 없고 함이 없는 묘보리로다

바로보인 불법 ㉜

화엄경(華嚴經) 6권

대원 문재현 선사 역저

二、여래현상품
(如來現相品)

서 문

가없이 크고 넓어 광대함이여!
모양 없는 그 가운데 본래 갖춤
증득한 지혜인이라야 아네

남섬부주 일체의 나툼이여
본래의 갖춤에 비하자면
천만억분의 일도 안 된다네

이러-히 온통 온통함이여!
모두 갖춘 본연한 이 장엄을
'대방광불화엄'이라 하네

단기(檀紀) 4345년
불기(佛紀) 3039년

무등산인 대원 문재현
(無等山人 大圓 文載賢)

차 례

일러두기

1. 화엄경 본문을 지나치게 세밀하게 나누어 긴 주해를 신지 않은 것은 그로 해서 원문의 흐름이 끊어지게 되지 않을까 하는 우려에서이다. 이런 까닭에 다만 수없이 장고(長考)하며 최대한 원문에 충실하게 번역하고 각권의 마지막이나 각품의 마지막에만 결문(結文)을 더하였다. 화엄경 본문이 이치적으로 더할 나위 없이 샅샅이 불화엄의 화장세계를 밝힌 것이라면 결문은 화엄경의 화장세계를 선(禪) 도리로 간략히 바로 끊어 보인 것이다. 이로써 경의 본뜻이 굴절 없이 전달되어 화엄의 세계가 독자의 세계가 되기를 바란다.

2. 요즈음 화엄경을 접한 이들이 최고의 경전이라 불리는 화엄경 첫머리부터 '신(神)'이라는 호칭으로 기록된 분들이 많은 것을 보고 의아하게 생각하는 경우가 있다. 화엄경의 첫머리인 세주묘엄품을 보면 이 '신(神)'이라는 호칭으로 기록된 분들이 불보살님의 화현이거나 보살마하살의 경지에서 행하는 분들임을 알 수 있다. 이런 까닭에 이 책에서는 '신(神)'을 '천제(天帝)'로 번역하였다. 예를 들면, '집금강신'은 '집금강천제'로 의역하였다. 천제는 그 세계를 다스리고 교화하는 분, 곧 깨달아, 삼매와 지혜와 덕과 신통과 방편과 변재를 갖추어서 다스리고 교화하는 분을 말한다.

3. 미주는 *로 표시하였다.

二 여래현상품

爾時 諸菩薩 及一切世間主 作是思惟 云何是諸佛地 云何
是諸佛境界 云何是諸佛加持 云何是諸佛所行 云何是諸佛
力 云何是諸佛無所畏 云何是諸佛三昧 云何是諸佛神通 云
何是諸佛自在 云何是諸佛無能攝取 云何是諸佛眼 云何是
諸佛耳 云何是諸佛鼻 云何是諸佛舌 云何是諸佛身 云何是
諸佛意 云何是諸佛身光 云何是諸佛光明 云何是諸佛聲 云
何是諸佛智

모든 보살과 일체 왕이 부처님께 법을 청하다

이때 모든 보살과 일체 세간의 왕이 이렇게 사유하였다.

'어떤 것이 모든 부처님의 과위이며, 어떤 것이 모든 부처님의 경계이며, 어떤 것이 모든 부처님의 가피이며, 어떤 것이 모든 부처님의 행하신 바이며, 어떤 것이 모든 부처님의 힘이며, 어떤 것이 모든 부처님의 두려움 없음이며, 어떤 것이 모든 부처님의 삼매이며, 어떤 것이 모든 부처님의 신통이며, 어떤 것이 모든 부처님의 자재이며, 어떤 것이 모든 부처님의 거두어 구했다는 것마저 없음일까?

어떤 것이 모든 부처님의 눈이며, 어떤 것이 모든 부처님의 귀이며, 어떤 것이 모든 부처님의 코이며, 어떤 것이 모든 부처님의 혀이며, 어떤 것이 모든 부처님의 몸이며, 어떤 것이 모든 부처님의 뜻이며, 어떤 것이 모든 부처님 몸의 광채이며, 어떤 것이 모든 부처님의 광명이며, 어떤 것이 모든 부처님의 음성이며, 어떤 것이 모든 부처님의 지혜일까?

唯願世尊 哀愍我等 開示演說 又十方世界海一切諸佛 皆
爲諸菩薩 說世界海 衆生海 法界安立海 佛海 佛波羅蜜海
佛解脫海 佛變化海 佛演說海 佛名號海 佛壽量海 及一切
菩薩誓願海 一切菩薩發趣海 一切菩薩助道海 一切菩薩乘
海 一切菩薩行海 一切菩薩出離海 一切菩薩神通海 一切菩
薩波羅蜜海 一切菩薩地海 一切菩薩智海 願佛世尊 亦爲
我等 如是而說 爾時 諸菩薩威神力故 於一切供養具雲中
自然出音 而說頌言

오직 원하옵나니 세존께서는 저희들을 불쌍히 여겨 열어 보이고 널리 펴 말씀해 주십시오. 또한 시방세계바다의 일체 모든 부처님께서는 모든 보살을 위해서 세계바다, 중생바다, 법계가 건립되어 있는 바다, 부처님바다, 부처님의 바라밀바다, 부처님의 해탈바다, 부처님의 변화바다, 부처님의 널리 펴 설하는 바다, 부처님의 명호바다, 부처님의 수량바다와 모든 보살의 서원바다와 모든 보살이 발심하여 나아가는 바다, 모든 보살의 조도(助道)바다, 모든 보살승 (菩薩乘)*의 바다, 모든 보살행의 바다, 모든 보살의 열반*바다, 모든 보살의 신통바다, 모든 보살의 바라밀바다, 모든 보살의 과위바다, 모든 보살의 지혜바다를 설하여 주십시오. 원컨대 불세존께서는 저희들을 위해 이러한 것을 설하여 주십시오.'

이때 모든 보살의 위신력*으로 온갖 공양구인 구름 가운데에서 자연히 음성이 흘러나와 게송을 말하였다.

無量劫中修行滿
菩提樹下成正覺
爲度衆生普現身
如雲充徧盡未來

衆生有疑皆使斷
廣大信解悉令發
無邊際苦普使除
諸佛安樂咸令證

菩薩無數等刹塵
俱來此會同瞻仰
願隨其意所應受
演說妙法除疑惑

한량없는 겁 가운데 수행이 원만하여
보리수 아래에서 정각(正覺)을 이루고
중생제도 하려고 널리 나툰 몸
미래가 다하도록 구름같이 두루 가득하네

중생들의 의심을 모두 끊게 하여
광대하게 믿는 지혜를 내게 하고
끝없는 괴로움 널리 없애주어
모든 부처님의 안락함을 전부 증득케 하시네

세계의 티끌 수같이 수없는 보살들
이 모임에 함께 와서 같이 우러르니
바라는 그 뜻대로 응하여 들어주고
묘한 법 널리 펴 설해 의혹을 없애시네

云何了知諸佛地
云何觀察如來境
佛所加持無有邊
願示此法令清淨

云何是佛所行處
而以智慧能明入
佛力清淨廣無邊
爲諸菩薩應開示

云何廣大諸三昧
云何淨治無畏法
神通力用不可量
願隨衆生心樂說

어떤 것이 모든 부처님의 과위를 밝게 깨달음이며
어떤 것이 여래*의 경계를 관찰함인지
부처님의 가피 베푸심, 끝없으니
바라건대 이 법을 보여 청정하게 하옵소서

어떤 것이 부처님의 행하는 곳에
지혜로써 밝게 들어감인지
부처님의 힘, 청정하고 끝없이 넓으니
모든 보살을 위해 응하여 열어 보이소서

어떤 것이 광대한 모든 삼매이고
어떤 것이 청정히 닦은 두려움 없는 법인지
신통력의 작용, 헤아릴 수 없으니
바라건대 중생들 마음의 즐거움을 따라 설하여주소서

諸佛法王如世主
所行自在無能制
及餘一切廣大法
爲利益故當開演

佛眼云何無有量
耳鼻舌身亦復然
意無有量復云何
願示能知此方便

如諸刹海衆生海
法界所有安立海
及諸佛海亦無邊
願爲佛子咸開暢

법왕이신 모든 부처님, 세간의 왕과 같아서
막을 수 없는 자재한 행과
그 밖의 모든 광대한 법으로
이롭게 하시는 분이니 열어 널리 펴소서

부처님의 눈 어떻게 한량없고
귀·코·혀·몸 또한 어떻게 한량없으며
뜻 또한 어떻게 한량없는지
원하건대 방편으로 이를 알도록 보이소서

모든 세계의 중생바다와
법계에 건립되어 있는 모든 바다와
또한 가없는 모든 부처님바다를
바라건대 불자(佛子)들을 위해 모두 열어 베푸소서

永出思議衆度海
普入解脫方便海
所有一切法門海
此道場中願宣說

생각과 논의를 영원히 벗어난 뭇 바라밀바다와
널리 해탈에 들어가는 방편바다와
일체 모든 법문바다를
이 도량 가운데서 널리 펴 설하시길 원하나이다

爾時 世尊 知諸菩薩心之所念 即於面門衆齒之間 放佛刹
微塵數光明 所謂衆寶華徧照光明 出種種音莊嚴法界光明
垂布微妙雲光明 十方佛坐道場現神變光明 一切寶焰雲蓋光
明 充滿法界無礙光明 徧莊嚴一切佛刹光明 逈建立清淨金
剛寶幢光明 普莊嚴菩薩衆會道場光明 妙音稱揚一切佛名號
光明 如是等佛刹微塵數 一一復有佛刹微塵數光明 以爲眷
屬 其光 悉具衆妙寶色 普照十方各一億佛刹微塵數世界海

부처님께서 광명으로 청법하는 자리에 모일 것을
권하는 게송을 말씀하시다

　이때에 세존께서 모든 보살들 마음의 생각하는 바를 아
시고, 곧 낯과 여러 치아 사이에서 부처님세계의 가는 티
끌 수와 같은 광명을 놓으시니, 이른바 온갖 보배꽃이 두
루 비추는 광명과, 갖가지 음성을 내어 법계를 장엄하는
광명과, 미묘한 구름을 드리워 펴는 광명과, 시방의 부처
님께서 도량에 앉아 신통 변화를 나타내는 광명과, 온갖
보배로운 불꽃구름일산 광명과, 법계에 충만한 걸림 없는
광명과, 모든 부처님세계를 두루 장엄하는 광명과, 청정한
금강보배당기*를 멀리 건립하는 광명과, 보살 대중들이 모
인 도량을 널리 장엄하는 광명과, 묘한 음성으로 모든 부
처님 명호를 찬탄하여 드날리는 광명이었다.
　이와 같은 광명이 부처님세계의 가는 티끌 수와 같았고,
낱낱이 다시 부처님세계 가는 티끌 수 같은 광명으로 권
속을 삼았다.
　그 광명이 모두 여러 가지 묘한 보배색을 갖추어, 시방에 각각
일억 부처님세계 가는 티끌 수 같은 세계바다를 널리 비추니,

彼世界海諸菩薩衆 於光明中 各得見此華藏莊嚴世界海 以
佛神力 其光 於彼一切菩薩衆會之前 而說頌言

그 세계바다의 모든 보살 대중이 광명 속에서 각각 이
화장장엄세계바다를 보았다.
　부처님께서 신통력으로 저 일체 대중 모임에 그 광명으
로 게송을 말씀하셨다.

無量劫中修行海
供養十方諸佛海
化度一切衆生海
今成妙覺徧照尊

毛孔之中出化雲
光明普照於十方
應受化者咸開覺
令趣菩提淨無礙

佛昔往來諸趣中
敎化成熟諸群生
神通自在無邊量
一念皆令得解脫

한량없는 겁 동안의 수행바다에서
시방 모든 부처님바다에 공양하고
모든 중생바다를 교화하고 제도하여
이제 묘각변조존을 이루셨네

털구멍 가운데에서 나온 화현한 구름이
광명으로 시방을 두루 비추어
응당 교화받는 이가 모두 깨달아
보리에 나아가 청정하여 걸림 없게 하시네

부처님께서 옛적 육도* 가운데 오가면서
모든 중생을 교화하여 성숙케 하신
신통의 자재함이 한량없어서
온통인 생각에 모두 해탈케 하시네

摩尼妙寶菩提樹
種種莊嚴悉殊特
佛於其下成正覺
放大光明普威耀

大音震吼徧十方
普爲弘宣寂滅法
隨諸衆生心所樂
種種方便令開曉

往修諸度皆圓滿
等於千刹微塵數
一切諸力悉已成
汝等應往同瞻禮

마니 묘한 보배보리수의
갖가지 장엄이 뛰어나고 특별한데
부처님께서 그 아래에서 정각을 이루어
큰 광명을 놓으시니 널리 위엄이 빛나네

시방에 두루한 우레같이 큰 음성으로
널리 적멸법을 크게 베풀되
모든 중생들 마음의 즐거함을 따라서
갖가지 방편으로 열어 깨닫게 하시네

옛적에 닦은 모든 바라밀, 모두 원만케 하기를
일천 세계 가는 티끌 수와 같이 하여
일체 모든 능력 이미 다 이루셨으니
그대들은 응당 함께 가서 우러러 절할지어다

十方佛子等刹塵
悉共歡喜而來集
已雨諸雲爲供養
今在佛前專覲仰

如來一音無有量
能演契經深大海
普雨妙法應群心
彼兩足尊宜往見

三世諸佛所有願
菩提樹下皆宣說
一刹那中悉現前
汝可速詣如來所

시방세계의 티끌 수 같은 불자들이
모두 함께 환희하며 모여 와서
비 내리듯 온갖 구름으로 공양 올리며
지금 부처님 앞에서 일심으로 우러러보네

여래의 한량없는 온통인 음성으로
능히 모든 경전의 깊고 큰 바다를 널리 펴서
중생들의 마음에 응하여 널리 묘한 법, 비 내리듯 하시니
저 양족존을 마땅히 가서 뵐지어다

삼세 모든 부처님 서원하신 것을
보리수 아래에서 모두 널리 펴 설하여
한순간에 눈앞에 다 나타내시니
그대들은 속히 여래의 처소에 나아갈지어다

毘盧遮那大智海
面門舒光無不見
今待衆集將演音
汝可往觀聞所說

비로자나 큰 지혜바다에서
낮으로 놓은 광명 보지 못하는 이 없게 하여
대중이 모이기를 기다려 지금 설법하시리니
그대들은 가서 뵙고 설법을 들으라

爾時 十方世界海一切衆會 蒙佛光明 所開覺已 各共來詣
毘盧遮那如來所 親近供養 所謂此華藏莊嚴世界海東 次有
世界海 名淸淨光蓮華莊嚴 彼世界種中 有國土 名摩尼瓔
珞金剛藏 佛號 法水覺虛空無邊王 於彼如來大衆海中 有菩
薩摩訶薩 名觀察勝法蓮華幢 與世界海微塵數諸菩薩 俱 來
詣佛所 各現十種菩薩身相雲 徧滿虛空 而不散滅 復現十
種雨一切寶蓮華光明雲 復現十種須彌寶峰雲 復現十種日
輪光雲

동쪽 청정광연화장엄세계 보살마하살들의 공양

이때 시방세계바다의 모든 대중 모임이 부처님의 광명을
받아 깨우쳐 깨닫고 각각 비로자나 여래의 처소에 함께
와서 나아가 가까이 공양하였다.

이 화장장엄세계바다 동쪽에 다음 세계바다가 있으니 이
름이 청정광연화장엄이고, 그 세계의 종류 가운데 국토가
있으니 이름이 마니영락*금강장이며, 부처님의 명호는 법
수각허공무변왕이시다.

그 여래의 대중바다 가운데 관찰승법연화당이라는 이름
의 보살마하살이 있는데, 세계바다의 가는 티끌 수만큼의
모든 보살과 함께 부처님 처소에 와서 각각 열 가지 종류
의, 보살몸형상 구름을 나타내니, 허공에 두루 가득하여
흩어져 없어지지 않았다.

열 가지 종류의, 온갖 보배연꽃을 비 내리듯 하는 광명
구름을 나타내고,

열 가지 종류의, 수미산 보배봉우리 구름을 나타내며,

열 가지 종류의, 태양광명 구름을 나타내고,

復現十種寶華瓔珞雲　復現十種一切音樂雲　復現十種末香
樹雲　復現十種塗香燒香衆色相雲　復現十種一切香樹雲　如
是等世界海微塵數諸供養雲　悉徧虛空　而不散滅　現是雲已
向佛作禮　以爲供養　卽於東方　各化作種種華光明藏師子之
座　於其座上　結跏趺坐

열 가지 종류의, 보배꽃영락 구름을 나타내며,

열 가지 종류의, 온갖 음악 구름을 나타내고,

열 가지 종류의, 가루향나무 구름을 나타내며,

열 가지 종류의, 바르는 향과 사르는 향의 갖가지 색상 구름을 나타내고,

열 가지 종류의, 온갖 향나무 구름을 나타내니, 이와 같은 세계바다 가는 티끌 수만큼의 모든 공양 구름이 허공에 다 두루하여 흩어져 없어지지 않았다.

이러한 구름들을 나타내고 나서 부처님을 향하여 예를 하고 공양을 올린 뒤, 곧 동쪽에 각각 갖가지 꽃의 광명장 사자좌를 화생으로 만들어서, 그 위에 결가부좌로 앉았다.

此華藏世界海南 次有世界海 名一切寶月光明莊嚴藏 彼世
界種中 有國土 名無邊光圓滿莊嚴 佛號 普智光明德須彌王
於彼如來大衆海中 有菩薩摩訶薩 名普照法海慧 與世界海
微塵數諸菩薩 俱 來詣佛所 各現十種一切莊嚴光明藏摩尼
王雲 徧滿虛空 而不散滅 復現十種雨一切寶莊嚴具普照耀
摩尼王雲 復現十種寶焰熾然稱揚佛名號摩尼王雲 復現十
種說一切佛法摩尼王雲 復現十種衆妙樹莊嚴道場摩尼王雲

남쪽 일체보월광명장엄장세계 보살마하살들의 공양

이 화장세계바다 남쪽에 다음 세계바다가 있으니 이름이 일체보월광명장엄장이고, 그 세계의 종류 가운데 국토가 있으니 이름이 무변광원만장엄이며, 부처님의 명호는 보지광명덕수미왕이시다.

그 여래의 대중바다 가운데 보조법해혜라는 이름의 보살마하살이 있는데, 세계바다 가는 티끌 수만큼의 모든 보살과 함께 부처님 처소에 와서 각각 열 가지 종류의, 온갖 장엄을 한 광명장, 마니왕구름을 나타내니, 허공에 두루 가득하여 흩어져 없어지지 않았다.

열 가지 종류의, 온갖 보배장엄구를 비 내리듯 하며 널리 밝게 비추어 빛나는, 마니왕구름을 나타내고,

열 가지 종류의, 보배불꽃이 치성하여 부처님의 명호를 찬탄하는, 마니왕구름을 나타내며,

열 가지 종류의, 모든 불법을 설하는, 마니왕구름을 나타내고,

열 가지 종류의, 뭇 묘한 나무로 도량을 장엄하는, 마니왕구름을 나타내며,

復現十種寶光普照現眾化佛摩尼王雲 復現十種普現一切道場莊嚴像摩尼王雲 復現十種密焰燈說諸佛境界摩尼王雲 復現十種不思議佛刹宮殿像摩尼王雲 復現十種普現三世佛身像摩尼王雲 如是等世界海微塵數摩尼王雲 悉徧虛空 而不散滅 現是雲已 向佛作禮 以爲供養 卽於南方 各化作帝靑寶閻浮檀金蓮華藏師子之座 於其座上 結跏趺坐

열 가지 종류의, 보배광명을 널리 비추어 뭇 화신불을 나타
내는, 마니왕구름을 나타내고,

열 가지 종류의, 모든 도량을 장엄한 모습을 널리 나투
는, 마니왕구름을 나타내며,

열 가지 종류의, 밀밀한 불꽃등불로 모든 부처님의 경계
를 설하는, 마니왕구름을 나타내고,

열 가지 종류의, 부사의한 부처님세계 궁전의 모습인, 마
니왕구름을 나타내며,

열 가지 종류의, 삼세 부처님 몸의 모습을 널리 나타내
는, 마니왕구름을 나타내니, 이와 같은 세계바다 가는 티
끌 수만큼의 마니왕구름이 허공에 다 두루하여 흩어져 없
어지지 않았다.

이러한 구름들을 나타내고 나서 부처님을 향하여 예를
하고 공양을 올린 뒤, 곧 남방에 각각 제청보*와 염부단금*
으로 연화장 사자좌를 화생으로 만들어서 그 위에 결가부
좌로 앉았다.

此華藏世界海西 次有世界海 名可愛樂寶光明 彼世界種中
有國土 名出生上妙資身具 佛號 香焰功德寶莊嚴 於彼如
來大衆海中 有菩薩摩訶薩 名月光香焰普莊嚴 與世界海微
塵數諸菩薩 俱 來詣佛所 各現十種一切寶香衆妙華樓閣雲
徧滿虛空 而不散滅 復現十種無邊色相衆寶王樓閣雲 復現
十種寶燈香焰樓閣雲 復現十種一切眞珠樓閣雲 復現十種
一切寶華樓閣雲 復現十種寶瓔珞莊嚴樓閣雲

서쪽 가애락보광명세계 보살마하살들의 공양

이 화장세계바다 서쪽에 다음 세계바다가 있으니 이름이 가애락보광명이고, 그 세계의 종류 가운데 국토가 있으니 이름이 출생상묘자신구이며, 부처님의 명호는 향염공덕보장엄이시다.

그 여래의 대중바다 가운데 월광향염보장엄이라는 이름의 보살마하살이 있는데, 세계바다 가는 티끌 수만큼의 모든 보살과 함께 부처님 처소에 와서 각각 열 가지 종류의, 모든 보배로운 향과 갖가지 묘한 꽃, 누각구름을 나타내니, 허공에 두루 가득하여 흩어져 없어지지 않았다.

열 가지 종류의, 끝없는 색상의 갖가지 보배왕,* 누각구름을 나타내고,

열 가지 종류의, 보배등불의 향기불꽃, 누각구름을 나타내며,

열 가지 종류의, 온갖 진주, 누각구름을 나타내고,

열 가지 종류의, 온갖 보배꽃, 누각구름을 나타내며,

열 가지 종류의, 보배영락으로 장엄한, 누각구름을 나타내고,

復現十種普現十方一切莊嚴光明藏樓閣雲 復現十種衆寶末
間錯莊嚴樓閣雲 復現十種衆寶周徧十方一切莊嚴樓閣雲 復
現十種華門鐸網樓閣雲 如是等世界海微塵數樓閣雲 悉徧虛
空 而不散滅 現是雲已 向佛作禮 以爲供養 卽於西方 各化
作眞金葉大寶藏師子之座 於其座上 結跏趺坐

열 가지 종류의, 시방에 널리 나타내는 일체 장엄광명장,
누각구름을 나타내며,

열 가지 종류의, 갖은 보배가루를 사이사이에 섞어 장엄
한, 누각구름을 나타내고,

열 가지 종류의, 온갖 보배로 시방을 두루 일체 장엄한,
누각구름을 나타내며,

열 가지 종류의, 꽃문방울그물, 누각구름을 나타내니, 이
와 같은 세계바다 가는 티끌 수만큼의 누각구름이 허공에
다 두루하여 흩어져 없어지지 않았다.

이러한 구름들을 나타내고 나서 부처님을 향하여 예를
하고 공양을 올린 뒤, 곧 서쪽에 각각 진금엽대보장 사자
좌를 화생으로 만들어서 그 위에 결가부좌로 앉았다.

此華藏世界海北 次有世界海 名毘瑠璃蓮華光圓滿藏 彼世界種中 有國土 名優鉢羅華莊嚴 佛號 普智幢音王 於彼如來大衆海中 有菩薩摩訶薩 名師子奮迅光明 與世界海微塵數諸菩薩 俱 來詣佛所 各現十種一切香摩尼衆妙樹雲 徧滿虛空 而不散滅 復現十種密葉妙香莊嚴樹雲 復現十種化現一切無邊色相樹莊嚴樹雲 復現十種一切華周布莊嚴樹雲 復現十種一切寶焰圓滿光莊嚴樹雲

북쪽 비유리연화광원만장세계 보살마하살들의 공양

이 화장세계바다 북쪽에 다음의 세계바다가 있으니 이름이 비유리연화광원만장이고, 그 세계의 종류 가운데 국토가 있으니 이름이 우발라화장엄이며, 부처님의 명호는 보지당음왕이시다.

그 여래의 대중바다 가운데 사자분신광명이라는 이름의 보살마하살이 있는데, 세계바다 가는 티끌 수만큼의 모든 보살과 함께 부처님 처소에 와서 각각 열 가지 종류의, 온갖 향마니의 갖은 묘한, 나무구름을 나타내니, 허공에 두루 가득하여 흩어져 없어지지 않았다.

열 가지 종류의, 빽빽한 잎사귀의 묘한 향으로 장엄한, 나무구름을 나타내고,

열 가지 종류의, 모든 끝없는 색상의 나무를 화생으로 나투어 장엄한, 나무구름을 나타내며,

열 가지 종류의, 모든 꽃을 두루 펼쳐 장엄한, 나무구름을 나타내고,

열 가지 종류의, 모든 보배불꽃의 원만한 광명으로 장엄한, 나무구름을 나타내며,

復現十種現一切栴檀香菩薩身莊嚴樹雲 復現十種現往昔道
場處不思議莊嚴樹雲 復現十種衆寶衣服藏如日光明樹雲 復
現十種普發一切悅意音聲樹雲 如是等世界海微塵數樹雲 悉
徧虛空 而不散滅 現是雲已 向佛作禮 以爲供養 卽於北方
各化作摩尼燈蓮華藏師子之座 於其座上 結跏趺坐

열 가지 종류의, 모든 전단향 보살의 몸을 나투어 장엄한, 나무구름을 나타내고,

열 가지 종류의, 지난 옛적 머물렀던 도량처를 부사의하게 장엄한, 나무구름을 나타내며,

열 가지 종류의, 태양빛과 같이 밝은 뭇 보배의복장, 나무구름을 나타내고,

열 가지 종류의, 온갖 기쁘게 하는 뜻의 음성을 널리 내는, 나무구름을 나타내니, 이와 같은 세계바다 가는 티끌 수만큼의 나무구름이 허공에 다 두루하여 흩어져 없어지지 않았다.

이러한 구름들을 나타내고 나서 부처님께 예를 하고 공양을 올린 뒤, 곧 북방에 각각 마니등연화장 사자좌를 화생으로 만들어서 그 위에 결가부좌로 앉았다.

此華藏世界海東北方 次有世界海 名閻浮檀金玻璃色幢 彼世界種中 有國土 名衆寶莊嚴 佛號 一切法無畏燈 於彼如來大衆海中 有菩薩摩訶薩 名最勝光明燈無盡功德藏 與世界海微塵數諸菩薩 俱 來詣佛所 各現十種無邊色相寶蓮華藏師子座雲 徧滿虛空 而不散滅 復現十種摩尼王光明藏師子座雲 復現十種一切莊嚴具種種校飾師子座雲 復現十種衆寶鬘燈焰藏師子座雲 復現十種普雨寶瓔珞師子座雲

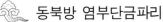 동북방 염부단금파리색당세계 보살마하살들의 공양

이 화장세계바다 동북방에 다음 세계바다가 있으니 이름이 염부단금파리색당이고, 그 세계의 종류 가운데 국토가 있으니 이름이 중보장엄이며, 부처님의 명호는 일체법무외등이시다.

그 여래의 대중바다 가운데 최승광명등무진공덕장이라는 이름의 보살마하살이 있는데, 세계바다 가는 티끌 수만큼의 모든 보살과 함께 부처님 처소에 와서 각각 열 가지 종류의, 끝없는 색상 보배연화장, 사자좌구름을 나타내니, 허공에 두루 가득하여 흩어져 없어지지 않았다.

열 가지 종류의, 마니왕광명장, 사자좌구름을 나타내고,

열 가지 종류의, 온갖 장엄구로 갖가지 장식을 한, 사자좌구름을 나타내며,

열 가지 종류의, 뭇 보배화만*등불불꽃장, 사자좌구름을 나타내고,

열 가지 종류의, 널리 보배영락을 비 내리듯 하는, 사자좌구름을 나타내며,

復現十種一切香華寶瓔珞藏師子座雲 復現十種示現一切佛座莊嚴摩尼王藏師子座雲 復現十種戶牖階砌及諸瓔珞一切莊嚴師子座雲 復現十種一切摩尼樹寶枝莖藏師子座雲 復現十種寶香間飾日光明藏師子座雲 如是等世界海微塵數師子座雲 悉徧虛空 而不散滅 現是雲已 向佛作禮 以爲供養 即於東北方 各化作寶蓮華摩尼光幢師子之座 於其座上 結跏趺坐

열 가지 종류의, 온갖 향기로운 꽃보배영락장, 사자좌
구름을 나타내고,

열 가지 종류의, 모든 부처님 자리를 장엄한 마니왕보배
장*을 나타내 보이는, 사자좌구름을 나타내며,

열 가지 종류의, 문과 창과 계단에 이르기까지 모든 것을
영락으로 일체 장엄한, 사자좌구름을 나타내고,

열 가지 종류의, 온갖 마니나무보배가지줄기장, 사자좌구
름을 나타내며,

열 가지 종류의, 보배로운 향기로 사이를 장엄한 태양광
명장, 사자좌구름을 나타내니, 이와 같은 세계바다 가는
티끌 수만큼의 사자좌구름이 허공에 다 두루하여 흩어져
없어지지 않았다.

이러한 구름들을 나타내고 나서 부처님께 예를 하고 공
양을 올린 뒤, 곧 동북방에 각각 보배연꽃마니광명당기 사
자좌를 화생으로 만들어서 그 위에 결가부좌로 앉았다.

此華藏世界海東南方 次有世界海 名金莊嚴瑠璃光普照 彼
世界種中 有國土 名清淨香光明 佛號 普喜深信王 於彼如
來大衆海中 有菩薩摩訶薩 名慧燈普明 與世界海微塵數諸
菩薩 俱 來詣佛所 各現十種一切如意王摩尼帳雲 徧滿虛
空 而不散滅 復現十種帝青寶一切華莊嚴帳雲 復現十種一
切香摩尼帳雲 復現十種寶焰燈帳雲 復現十種示現佛神通說
法摩尼王帳雲 復現十種現一切衣服莊嚴色像摩尼帳雲

동남방 금장엄유리광보조세계 보살마하살들의 공양

이 화장세계바다 동남방에 다음 세계바다가 있으니 이름이 금장엄유리광보조이고, 그 세계의 종류 가운데 국토가 있으니 이름이 청정향광명이며, 부처님의 명호는 보희심신왕이시다.

그 여래의 대중바다 가운데 혜등보명이라는 이름의 보살마하살이 있는데, 세계바다 가는 티끌 수만큼의 모든 보살과 함께 부처님 처소에 와서 각각 열 가지 종류의, 모든 여의왕마니, 휘장구름을 나타내니, 허공에 두루 가득하여 흩어져 없어지지 않았다.

열 가지 종류의, 제청보배와 온갖 꽃으로 장엄한, 휘장구름을 나타내고,

열 가지 종류의, 온갖 향기의 마니, 휘장구름을 나타내며,

열 가지 종류의, 보배불꽃등불, 휘장구름을 나타내고,

열 가지 종류의, 부처님의 신통과 설법을 나타내 보이는 마니왕, 휘장구름을 나타내며,

열 가지 종류의, 모든 의복에 장엄한 색상을 나타내는 마니, 휘장구름을 나타내고,

復現十種一切寶華叢光明帳雲 復現十種寶網鈴鐸音帳雲 復現十種摩尼爲臺蓮華爲網帳雲 復現十種現一切不思議莊嚴具色像帳雲 如是等世界海微塵數衆寶帳雲 悉徧虛空 而不散滅 現是雲已 向佛作禮 以爲供養 卽於東南方 各化作寶蓮華藏師子之座 於其座上 結跏趺坐

열 가지 종류의, 모든 보배꽃 무더기의 광명, 휘장구름을 나타내며,

열 가지 종류의, 보배그물방울목탁요령소리, 휘장구름을 나타내고,

열 가지 종류의, 마니보배로 만든 단[臺]과 연꽃그물의, 휘장구름을 나타내며,

열 가지 종류의, 모든 부사의한 장엄구의 색상을 나툰, 휘장구름을 나타내니, 이와 같은 세계바다 가는 티끌 수만큼의 갖가지 보배로 된 휘장구름이 허공에 다 두루하여 흩어져 없어지지 않았다.

이러한 구름들을 나타내고 나서 부처님께 예를 하고 공양을 올린 뒤, 곧 동남방에 각각 보배연화장 사자좌를 화생으로 만들어서 그 위에 결가부좌로 앉았다.

此華藏世界海西南方 次有世界海 名日光徧照 彼世界種中
有國土 名師子日光明 佛號 普智光明音 於彼如來大衆海
中 有菩薩摩訶薩 名普華光焰髻 與世界海微塵數諸菩薩 俱
來詣佛所 各現十種衆妙莊嚴寶蓋雲 徧滿虛空 而不散滅 復
現十種光明莊嚴華蓋雲 復現十種無邊色眞珠藏蓋雲 復現十
種出一切菩薩悲愍音摩尼王蓋雲 復現十種衆妙寶焰鬘蓋雲
復現十種妙寶嚴飾垂網鐸蓋雲

서남방 일광변조세계 보살마하살들의 공양

이 화장세계바다 서남방에 다음 세계바다가 있으니 이름
이 일광변조이고, 그 세계의 종류 가운데 국토가 있으니 이
름이 사자일광명이며, 부처님의 명호는 보지광명음이시다.
  그 여래의 대중바다 가운데 보화광염계라는 이름의 보살
마하살이 있는데, 세계바다 가는 티끌 수만큼의 모든 보살
과 함께 부처님 처소에 와서 각각 열 가지 종류의, 뭇 묘
하게 장엄한 보배, 일산구름을 나타내니, 허공에 두루 가
득하여 흩어져 없어지지 않았다.
  열 가지 종류의, 광명으로 장엄한 꽃, 일산구름을 나타내고,
  열 가지 종류의, 가없는 색의 진주장, 일산구름을 나타내며,
  열 가지 종류의, 모든 보살의 자비와 연민의 소리를 내는
마니왕, 일산구름을 나타내고,
  열 가지 종류의, 뭇 묘한 보배불꽃화만, 일산구름을 나타
내며,
  열 가지 종류의, 묘한 보배로 장엄하게 꾸며진 그물방울
을 드리운, 일산구름을 나타내고,

復現十種摩尼樹枝莊嚴蓋雲 復現十種日光普照摩尼王蓋雲
復現十種一切塗香燒香蓋雲 復現十種栴檀藏蓋雲 復現十
種廣大佛境界普光明莊嚴蓋雲 如是等世界海微塵數衆寶蓋
雲 悉徧虛空 而不散滅 現是雲已 向佛作禮 以爲供養 卽
於西南方 各化作帝靑寶光焰莊嚴藏師子之座 於其座上 結
跏趺坐

열 가지 종류의, 마니나무가지로 장엄한, 일산구름을 나
타내며,

열 가지 종류의, 태양 광명이 널리 비춘 듯한 마니왕, 일
산구름을 나타내고,

열 가지 종류의, 온갖 바르는 향과 태우는 향의, 일산구
름을 나타내며,

열 가지 종류의, 전단장, 일산구름을 나타내고,

열 가지 종류의, 광대한 부처님 경계를 널리 광명으로 장
엄한, 일산구름을 나타내니, 이와 같은 세계바다 가는 티
끌 수만큼의 온갖 보배 일산구름이 허공에 다 두루하여
흩어져 없어지지 않았다.

이러한 구름들을 나타내고 나서 부처님께 예를 하고 공
양을 올린 뒤, 곧 서남방에 각각 제청보의 불꽃장엄장 사
자좌를 화생으로 만들어서 그 위에 결가부좌로 앉았다.

此華藏世界海西北方　次有世界海　名寶光照耀　彼世界種中
有國土　名衆香莊嚴　佛號　無量功德海光明　於彼如來大衆海
中　有菩薩摩訶薩　名無盡光摩尼王　與世界海微塵數諸菩薩
俱　來詣佛所　各現十種一切寶圓滿光雲　徧滿虛空　而不散滅
復現十種一切寶焰圓滿光雲　復現十種一切妙華圓滿光雲　復
現十種一切化佛圓滿光雲　復現十種十方佛土圓滿光雲

서북방 보광조요세계 보살마하살들의 공양

이 화장세계바다 서북방에 다음 세계바다가 있으니 이름이
보광조요이고, 그 세계의 종류 가운데 국토가 있으니 이름
이 중향장엄이며, 부처님의 명호는 무량공덕해광명이시다.
  그 여래의 대중바다 가운데 무진광마니왕이라는 이름의
보살마하살이 있는데, 세계바다 가는 티끌 수만큼의 모든
보살과 함께 부처님의 처소에 와서 각각 열 가지 종류의,
모든 보배가 널리 가득한, 광명구름을 나타내니, 허공에
두루 가득하여 흩어져 없어지지 않았다.
  열 가지 종류의, 일체 보배불꽃으로 널리 가득한, 광명구
름을 나타내고,
  열 가지 종류의, 모든 묘한 꽃으로 널리 가득한, 광명구
름을 나타내며,
  열 가지 종류의, 모든 화신불로 널리 가득한, 광명구름을
나타내고,
  열 가지 종류의, 시방 불국토에 널리 가득한, 광명구름을
나타내며,

復現十種佛境界雷聲寶樹圓滿光雲　復現十種一切瑠璃寶摩
尼王圓滿光雲　復現十種一念中現無邊衆生相圓滿光雲　復
現十種演一切如來大願音圓滿光雲　復現十種演化一切衆生
音摩尼王圓滿光雲　如是等世界海微塵數圓滿光雲　悉徧虛
空　而不散滅　現是雲已　向佛作禮　以爲供養　卽於西北方
各化作無盡光明威德藏師子之座　於其座上　結跏趺坐

열 가지 종류의, 부처님 경계의 우레 같은 소리와 보배나
무로 널리 가득한, 광명구름을 나타내고,

열 가지 종류의, 모든 유리보배와 마니왕으로 널리 가득
한, 광명구름을 나타내며,

열 가지 종류의, 한 생각 가운데 끝없는 중생의 모습을
널리 가득하게 나투는, 광명구름을 나타내고,

열 가지 종류의, 모든 여래의 큰 원력의 음성을 널리 가
득하게 나투는, 광명구름을 나타내며,

열 가지 종류의, 모든 중생을 교화하는 음성을 널리 펴는
마니왕을 널리 가득하게 나투는, 광명구름을 나타내니, 이
와 같은 세계바다 가는 티끌 수만큼의 널리 가득한 광명
구름이 허공에 다 두루하여 흩어져 없어지지 않았다.

이러한 구름들을 나타내고 나서 부처님께 예를 하고 공
양을 올린 뒤, 곧 서북방에 각각 다함 없는 광명의 위덕장
사자좌를 화생으로 만들어서 그 위에 결가부좌로 앉았다.

此華藏世界海下方 次有世界海 名蓮華香妙德藏 彼世界種
中 有國土 名寶師子光明照耀 佛號 法界光明 於彼如來大
衆海中 有菩薩摩訶薩 名法界光焰慧 與世界海微塵數諸菩
薩 俱 來詣佛所 各現十種一切摩尼藏光明雲 徧滿虛空 而
不散滅 復現十種一切香光明雲 復現十種一切寶焰光明雲 復
現十種出一切佛說法音光明雲 復現十種現一切佛土莊嚴光
明雲 復現十種一切妙華樓閣光明雲

하방 연화향묘덕장세계 보살마하살들의 공양

 이 화장세계바다 아래쪽에 다음 세계바다가 있으니 이름
이 연화향묘덕장이고, 그 세계의 종류 가운데 국토가 있으
니 이름이 보사자광명조요이며, 부처님의 명호는 법계광명
이시다.
 그 여래의 대중바다 가운데 법계광염혜라는 이름의 보살
마하살이 있는데, 세계바다 가는 티끌 수만큼의 모든 보살
과 함께 부처님 처소에 와서 각각 열 가지 종류의, 모든
마니장, 광명구름을 나타내니, 허공에 두루 가득하여 흩어
져 없어지지 않았다.
 열 가지 종류의, 온갖 향기, 광명구름을 나타내고,
 열 가지 종류의, 온갖 보배불꽃, 광명구름을 나타내며,
 열 가지 종류의, 모든 부처님이 설법하는 음성을 내는,
광명구름을 나타내고,
 열 가지 종류의, 모든 부처님 국토 장엄을 나타내는, 광
명구름을 나타내며,
 열 가지 종류의, 온갖 묘한 꽃누각, 광명구름을 나타내고,

復現十種現一切劫中諸佛敎化衆生事光明雲 復現十種一切
無盡寶華蕊光明雲 復現十種一切莊嚴座光明雲 如是等世界
海微塵數光明雲 悉徧虛空 而不散滅 現是雲已 向佛作禮
以爲供養 卽於下方 各化作寶焰燈蓮華藏師子之座 於其座
上 結跏趺坐

열 가지 종류의, 모든 겁 가운데 모든 부처님이 중생을
교화하는 일을 나타내는, 광명구름을 나타내며,

열 가지 종류의, 모든 다함 없는 보배꽃술, 광명구름을
나타내고,

열 가지 종류의, 온갖 장엄한 자리의, 광명구름을 나타내
니, 이와 같은 세계바다 가는 티끌 수만큼의 광명구름이
허공에 다 두루하여 흩어져 없어지지 않았다.

이러한 구름들을 나타내고 나서 부처님께 예를 하고 공
양을 올린 뒤, 곧 아래쪽에 각각 보배불꽃등불연화장 사자
좌를 화생으로 만들어서 그 위에 결가부좌로 앉았다.

此華藏世界海上方　次有世界海　名摩尼寶照耀莊嚴　彼世界
種中　有國土　名無相妙光明　佛號　無礙功德光明王　於彼如
來大衆海中　有菩薩摩訶薩　名無礙力精進慧　與世界海微塵
數諸菩薩　俱　來詣佛所　各現十種無邊色相寶光焰雲　徧滿
虛空　而不散滅　復現十種摩尼寶網光焰雲　復現十種一切廣
大佛土莊嚴光焰雲　復現十種一切妙香光焰雲　復現十種一切
莊嚴光焰雲

상방 마니보조요장엄세계 보살마하살들의 공양

　이 화장세계바다 위쪽에 다음 세계바다가 있으니 이름이
마니보조요장엄이고, 그 세계의 종류 가운데 국토가 있으
니 이름이 무상묘광명이며, 부처님의 명호는 무애공덕광명
왕이시다.
　그 여래의 대중바다 가운데 무애력정진혜라는 이름의 보
살마하살이 있는데, 세계바다 가는 티끌 수만큼의 모든 보
살과 함께 부처님의 처소에 와서 각각 열 가지 종류의 끝
없는 색상 보배, 광명불꽃구름을 나타내니, 허공에 두루
가득하여 흩어져 없어지지 않았다.
　열 가지 종류의, 마니보배그물의, 광명불꽃구름을 나타내
고,
　열 가지 종류의, 모든 광대한 부처님 국토를 장엄한, 광
명불꽃구름을 나타내며,
　열 가지 종류의, 온갖 묘한 향기의, 광명불꽃구름을 나타
내고,
　열 가지 종류의, 모든 장엄한, 광명불꽃구름을 나타내며,

復現十種諸佛變化光焰雲 復現十種衆妙樹華光焰雲 復現十
種一切金剛光焰雲 復現十種說無邊菩薩行摩尼光焰雲 復現
十種一切眞珠燈光焰雲 如是等世界海微塵數光焰雲 悉徧虛
空 而不散滅 現是雲已 向佛作禮 以爲供養 卽於上方 各
化作演佛音聲光明蓮華藏師子之座 於其座上 結跏趺坐

열 가지 종류의, 모든 부처님이 변화한, 광명불꽃구름을
나타내고,

열 가지 종류의, 갖가지 묘한 나무와 꽃의, 광명불꽃구름
을 나타내며,

열 가지 종류의, 모든 금강, 광명불꽃구름을 나타내고,

열 가지 종류의, 끝없는 보살행을 설하는 마니, 광명불꽃
구름을 나타내며,

열 가지 종류의, 모든 진주등불, 광명불꽃구름을 나타내
니, 이와 같은 세계바다 가는 티끌 수만큼의 광명불꽃구름
이 허공에 다 두루하여 흩어져 없어지지 않았다.

이러한 구름들을 나타내고 나서 부처님을 향해 예를 하
고 공양을 올린 뒤, 곧 위쪽에 각각 부처님의 음성을 널리
펴는 광명연화장 사자좌를 화생으로 만들어서 그 위에 결
가부좌로 앉았다.

如是等十億佛刹微塵數世界海中 有十億佛刹微塵數菩薩摩
訶薩 一一各有世界海微塵數諸菩薩衆 前後圍遶 而來集會
是諸菩薩 一一各現世界海微塵數種種莊嚴諸供養雲 悉徧
虛空 而不散滅 現是雲已 向佛作禮 以爲供養 隨所來方
各化作種種寶莊嚴師子之座 於其座上 結跏趺坐

십억 부처님세계의 보살마하살들의 공양

이와 같은 등의 십억 부처님세계 가는 티끌 수만큼의 세계바다 가운데, 십억 부처님세계 가는 티끌 수만큼의 보살마하살이 있는데, 한 분 한 분마다 각각 세계바다 가는 티끌 수만큼의 모든 보살 대중이 있어서, 앞뒤로 에워싸고 와서 모였으며, 이 모든 보살이 한 분 한 분 각각 세계바다 가는 티끌 수만큼의 갖가지 장엄과 모든 공양구름을 나타내니, 허공에 다 두루하여 흩어져 없어지지 않았다.

이러한 구름들을 나타내고 나서 부처님께 예를 하고 공양을 올린 뒤, 곧 온 방향을 따라 각각 여러 가지 보배로 장엄한 사자좌를 화생으로 만들어서 그 위에 결가부좌로 앉았다.

如是坐已 其諸菩薩身毛孔中 一一各現十世界海微塵數一
切寶種種色光明 一一光中 悉現十世界海微塵數諸菩薩 皆
坐蓮華藏師子之座 此諸菩薩 悉能徧入一切法界諸安立海
所有微塵 彼一一塵中 皆有十佛世界微塵數諸廣大刹 一一
刹中 皆有三世諸佛世尊 此諸菩薩 悉能徧往 親近供養 於
念念中 以夢自在示現法門 開悟世界海微塵數衆生 念念中
以示現一切諸天沒生法門 開悟世界海微塵數衆生

세계바다 불보살님들의 중중무진한 모습과 무궁무
진한 교화

이와 같이 앉고 나서, 그 모든 보살의 몸 털구멍 속 낱낱
이 각각 열 세계바다 가는 티끌 수만큼의 온갖 보배의 갖
가지 색 광명을 나타내고, 낱낱의 광명 가운데 열 세계바
다 가는 티끌 수만큼의 모든 보살이 다 연화장 사자좌에
앉아 있음을 나타냈다.

이 모든 보살이 다 일체 법계에 건립되어 있는 모든 바
다의 가는 티끌에 두루 들어가니, 그 낱낱의 티끌 가운데
모두 열 부처님*세계 가는 티끌 수만큼의 여러 광대한 세
계가 있고, 낱낱의 세계 가운데 모두 삼세의 모든 부처님
세존께서 계셨다.

이에 모든 보살이 다 두루 가서 가까이하여 공양을 올리
고, 생각생각마다 꿈처럼 자재하게 나타내 보이는 법문으
로, 세계바다 가는 티끌 수만큼의 중생을 깨닫게 하였다.

생각생각 가운데 일체 모든 천인[諸天]*이 나고 죽는 것
을 나타내 보이는 법문으로 세계바다 가는 티끌 수만큼의
중생을 깨닫게 하고,

念念中 以說一切菩薩行法門 開悟世界海微塵數衆生 念念中 以普震動一切剎 歎佛功德神變法門 開悟世界海微塵數衆生 念念中 以嚴淨一切佛國土 顯示一切大願海法門 開悟世界海微塵數衆生 念念中 以普攝一切衆生言詞佛音聲法門 開悟世界海微塵數衆生 念念中 以能雨一切佛法雲法門 開悟世界海微塵數衆生 念念中 以光明普照十方國土 周徧法界 示現神變法門 開悟世界海微塵數衆生

생각생각 가운데 모든 보살행을 설하는 법문으로 세계바다 가는 티끌 수만큼의 중생을 깨닫게 하며,

생각생각 가운데 널리 모든 세계를 진동케 하여 부처님의 공덕과 신통변화를 찬탄하는 법문으로 세계바다 가는 티끌 수만큼의 중생을 깨닫게 하고,

생각생각 가운데 모든 불국토를 청정하게 장엄하여 모든 큰 서원의 바다를 나타내 보이는 법문으로 세계바다 가는 티끌 수만큼의 중생을 깨닫게 하며,

생각생각 가운데 널리 모든 중생의 말과 부처님의 음성 법문으로 널리 거두어 세계바다 가는 티끌 수만큼의 중생을 깨닫게 하고,

생각생각 가운데 모든 부처님의 법구름을 비 내리듯 하는 법문으로 세계바다 가는 티끌 수만큼의 중생을 깨닫게 하며,

생각생각 가운데 광명으로 시방국토를 널리 비추어 법계에 두루 널리 신통변화를 나타내 보이는 법문으로 세계바다 가는 티끌 수만큼의 중생을 깨닫게 하고,

念念中 以普現佛身充徧法界 一切如來解脫力法門 開悟世
界海微塵數衆生 念念中 以普賢菩薩 建立一切衆會道場海
法門 開悟世界海微塵數衆生 如是普徧一切法界 隨衆生心
悉令開悟 念念中 一一國土 各令如須彌山微塵數衆生 墮
惡道者 永離其苦 各令如須彌山微塵數衆生 住邪定者 入
正定聚 各令如須彌山微塵數衆生 隨其所樂 生於天上

생각생각 가운데 부처님 몸이 법계에 가득 두루함을 널리 나타내는 모든 여래의 해탈력 법문으로 세계바다 가는 티끌 수만큼의 중생을 깨닫게 하며,

생각생각 가운데 보현보살이 건립한 도량바다의 모든 대중 모임 법문으로 세계바다 가는 티끌 수만큼의 중생을 깨닫게 하니, 이와 같이 두루 널리 온 법계의 중생들 마음을 따라서 다 깨닫게 하였다.

생각생각 가운데 낱낱의 국토마다 각각 수미산의 가는 티끌 수와 같은 중생들로 하여금 악도에 떨어진 이가 그 고통을 영원히 면하게 하고,

각각 수미산 가는 티끌 수와 같은 중생들로 하여금 삿된 정(定)에 머물러 있는 이가 바른 선정의 무리〔正定聚〕에 들어가게 하며,

각각 수미산 가는 티끌 수와 같은 중생들이 그 좋아하는 바를 따라 천상에 태어나게 하고,

各令如須彌山微塵數衆生　安住聲聞辟支佛地　各令如須彌
山微塵數衆生　事善知識　具衆福行　各令如須彌山微塵數衆
生　發於無上菩提之心　各令如須彌山微塵數衆生　趣於菩薩
不退轉地　各令如須彌山微塵數衆生　得淨智眼見於如來所
見一切諸平等法　各令如須彌山微塵數衆生　安住諸力諸願海
中　以無盡智　而爲方便　淨諸佛國　各令如須彌山微塵數衆
生　皆得安住毘盧遮那廣大願海　生如來家

각각 수미산 가는 티끌 수와 같은 중생들이 성문과 벽지
불의 지위에 안주하게 하며,

각각 수미산 가는 티끌 수와 같은 중생들이 선지식을 섬
겨 여러 가지 복과 덕행을 갖추게 하고,

각각 수미산 가는 티끌 수와 같은 중생들이 위 없는 보
리*마음을 발하게 하며,

각각 수미산 가는 티끌 수와 같은 중생들이 보살의 불퇴
전지(不退轉地)*에 나아가게 하고,

각각 수미산 가는 티끌 수와 같은 중생들이 청정한 지혜의
눈을 얻어서 여래가 보는 일체 모든 평등법*을 보게 하며,

각각 수미산 가는 티끌 수와 같은 중생들이 모든 능력과
모든 원력바다 가운데 편안히 머물러 다함 없는 지혜로써
방편을 삼아 모든 부처님 국토를 청정케 하도록 하고,

각각 수미산 가는 티끌 수와 같은 중생들이 모두 비로자
나의 광대한 원력바다에 편안히 머물러 여래의 집에 태어
나게 하였다.

爾時 諸菩薩光明中 同時發聲 說此頌言

諸光明中出妙音
普徧十方一切國
演說佛子諸功德
能入菩提之妙道

劫海修行無厭倦
令苦衆生得解脫
心無下劣及勞疲
佛子善入斯方便

세계바다 모든 보살마하살이 일시에 게송을 말하다

　이때 모든 보살이 광명 가운데 동시에 소리 내어 이 게
송을 말하였다.

　모든 광명 가운데 흘러나오는 묘한 음성
　시방의 모든 국토에 널리 두루해서
　불자들에게 온갖 공덕을 널리 펴 설하여
　보리의 묘한 도에 들게 하네

　겁해*를 수행하면서도 싫어함이 없고
　고통받는 중생들을 해탈케 하면서도
　마음에 하열하다거나 피로하다는 것 없으니
　불자들이 이 방편에 잘 들어가네

盡諸劫海修方便
無量無邊無有餘
一切法門無不入
而恒說彼性寂滅

三世諸佛所有願
一切修治悉令盡
卽以利益諸衆生
而爲自行淸淨業

一切諸佛衆會中
普徧十方無不往
皆以甚深智慧海
入彼如來寂滅法

모든 겁해가 다하도록 닦은 방편이
한량없고 끝없고 남음도 없어
모든 법문에 들어가지 않음이 없지만
그 성품은 적멸임을 항상 설하네

삼세의 모든 부처님께서 서원한 바를
모두 닦아 익혀 다하였으니
곧 온갖 중생을 이롭게 하기를
자신의 청정한 업으로 행하네

일체 모든 부처님의 대중 모임이라면
시방에 두루 가지 않은 곳 없이 하여
모두들 매우 깊은 지혜의 바다로
저 여래의 적멸법에 들게 하네

一一光明無有邊
悉入難思諸國土
清淨智眼普能見
是諸菩薩所行境

菩薩能住一毛端
徧動十方諸國土
不令衆生有怖想
是其清淨方便地

一一塵中無量身
復現種種莊嚴刹
一念沒生普令見
獲無礙慧莊嚴者

낱낱의 광명이 끝없어서
사의 못 할 모든 국토에 다 들어가
청정한 지혜의 눈으로 널리 보니
이것이 모든 보살이 행하는 경계라네

보살이 한 털끝에 머물러서
시방의 모든 국토를 두루 움직여도
중생들에게 두려운 생각 내지 않게 하니
이것이 바로 청정한 방편의 경지라네

낱낱 티끌 가운데 한량없는 몸을
갖가지로 장엄한 세계에 거듭 나투어
온통인 생각에 나고 죽는 것 널리 보게 하니
걸림 없는 지혜로 장엄함을 얻은 이라네

三世所有一切劫
一刹那中悉能現
知身如幻無體相
證明法性無礙者

普賢勝行皆能入
一切衆生悉樂見
佛子能住此法門
諸光明中大音吼

삼세의 모든 겁을
한순간에 모두 다 나투니
몸이란 환과 같아 몸이라는 상 없음을 알아
법성에 걸림 없는 이임을 증명한 것이네

보현의 수승한 행에 모두 들어가
일체 중생 모두가 즐겁게 깨우치고
불자들이 이 법문에 능히 머물도록
모든 광명 속에서 큰 소리로 사자후하네

爾時 世尊 欲令一切菩薩大衆 得於如來無邊境界神通力故 放眉間光 此光 名一切菩薩智光明普照耀十方藏 其狀 猶如寶色燈雲 徧照十方一切佛刹 其中國土 及以衆生 悉令顯現 又普震動諸世界網 一一塵中 現無數佛 隨諸衆生 性欲不同 普雨三世一切諸佛妙法輪雲 顯示如來波羅蜜海 又雨無量諸出離雲 令諸衆生 永度生死 復雨諸佛大願之雲 顯示十方諸世界中普賢菩薩道場衆會 作是事已 右遶於佛 從足下入

세존의 방광과 보살의 수행과 서원을 합창하는 장
엄세계

이때에 세존께서 모든 보살 대중에게 여래의 가없는 경
계의 신통력을 얻게 하기 위하여, 미간에서 광명을 놓으시
니, 이 광명의 이름은 일체보살지광명보조요시방장이다.
그 형상이 마치 보배로운 색의 등불구름과 같아서, 시방의
모든 부처님세계를 두루 비추어, 그 가운데의 국토와 중생
들까지 모두 드러나게 하였다.
  또 모든 세계의 그물이 널리 진동하여 낱낱의 티끌 가운데
수없는 부처님을 나투고, 모든 중생들 성품의 욕구가 같지
아니함을 따라서 삼세 일체 모든 부처님의 묘한 법륜구름을
널리 비 내리듯 하여, 여래의 바라밀바다를 나타내 보였다.
  또 한량없이 모든 속박을 벗어나게 하는[出離] 구름을 비
내리듯 하여, 모든 중생이 영원히 생사를 여의게 하였고,
또한 모든 부처님의 큰 서원의 구름을 비 내리듯 하여, 시
방의 모든 세계 가운데 보현보살 도량에 모인 대중들을
나타내 보였으니, 이러한 일을 짓고 나서 부처님 오른쪽으
로 돌아 부처님 발 아래로 들어갔다.

爾時佛前 有大蓮華 忽然出現 其華 具有十種莊嚴 一切蓮
華 所不能及 所謂衆寶間錯 以爲其莖 摩尼寶王 以爲其藏
法界衆寶 普作其葉 諸香摩尼 而作其鬚 閻浮檀金 莊嚴其
臺 妙網覆上 光色淸淨 於一念中 示現無邊諸佛神變 普能
發起一切音聲 摩尼寶王 影現佛身 於音聲中 普能演說一
切菩薩 所修行願

이때에 부처님 앞에 큰 연꽃이 홀연히 나타났는데 그 꽃은 열 가지 종류의 장엄을 갖추고 있어서 모든 연꽃이 미칠 수가 없었다.

말하자면 갖가지 보배가 사이사이에 섞여 그 줄기가 되고, 마니보배왕*이 그 연밥이 되었으며, 법계의 온갖 보배가 넓은 그 잎이 되고, 모든 향의 마니가 그 꽃술이 되었으며, 염부단금으로 그 연대를 장엄하고 묘한 그물이 위에 덮였는데 빛과 색이 청정하였다.

온통인 생각 가운데 가없는 모든 부처님의 신통변화를 나타내 보이고, 온갖 음성을 널리 일으켜 내니, 마니보배왕이 부처님 몸을 영상으로 나타내어, 그 음성 가운데 모든 보살의 수행과 서원을 널리 펴 설하였다.

此華生已 一念之間 於如來白毫相中 有菩薩摩訶薩 名一
切法勝音 與世界海微塵數諸菩薩衆 俱時而出 右遶如來 經
無量匝 禮佛足已 時勝音菩薩 坐蓮華臺 諸菩薩衆 坐蓮華
鬚 各於其上 次第而坐 其一切法勝音菩薩 了深法界 生大
歡喜 入佛所行 智無疑滯 入不可測佛法身海 往一切刹諸
如來所 身諸毛孔 悉現神通 念念普觀一切法界 十方諸佛 共
與其力 令普安住一切三昧 盡未來劫 常見諸佛 無邊法界
功德海身 乃至一切三昧解脫神通變化

일체법승음보살의 게송

이 꽃이 나고〔生〕온통인 생각 가운데 여래의 백호상* 중
에 일체법승음이라는 이름의 보살마하살과 세계바다 가는
티끌 수만큼의 모든 보살 대중이 함께 동시에 나타나서,
여래의 오른쪽으로 한량없이 돌고 부처님 발에 예배하였
다.

그때에 승음보살은 연화대에 앉았고, 모든 보살 대중은
연꽃의 꽃술 위에 각각 차례대로 앉았다.

일체법승음보살은 깊이 법계를 깨달아 큰 환희심을 내어,
부처님이 행하시는 바에 들어가서 지혜에 의심되거나 막
힘이 없었고, 헤아릴 수 없는 부처님의 법신바다에 들어
가, 온갖 세계의 모든 여래의 처소에 가서 몸의 모든 털구
멍마다 신통을 나투었다.

생각생각에 모든 법계를 널리 관하여 시방의 모든 부처
님과 그 힘을 같이 해서, 널리 모든 삼매에 편안히 머물게
하고, 미래겁이 다하도록 모든 부처님의 가없는 법계인 공
덕바다몸과 모든 삼매와 해탈신통변화를 항상 보였다.

即於衆中 承佛威神 觀察十方 而說頌曰

佛身充滿於法界
普現一切衆生前
隨緣赴感靡不周
而恒處此菩提座

如來一一毛孔中
一切剎塵諸佛坐
菩薩衆會共圍遶
演說普賢之勝行

곧 대중 가운데에서 부처님의 위신력을 받아서 시방을
관찰하고 게송으로 말하였다.

부처님 몸, 온 법계에 가득하기에
모든 중생 앞에 널리 나투어
인연 따라 감응함이 두루하지 않음 없으나
이 보리좌에 언제나 계시네

여래의 낱낱 털구멍 가운데
온 세계의 티끌 수만큼의 부처님이 앉으시고
보살 대중들이 모여 함께 에워싸고 있는데
보현의 수승한 행을 널리 펴 설하시네

如來安處菩提座
一毛示現多刹海
一一毛現悉亦然
如是普周於法界

一一刹中悉安立
一切刹土皆周徧
十方菩薩如雲集
莫不咸來詣道場

一切刹土微塵數
功德光明菩薩海
普在如來衆會中
乃至法界咸充徧

여래께서는 보리좌에 편안히 앉아
한 털끝에 많은 세계를 나타내 보이고
낱낱의 털끝마다 모두 그렇게 나투어
이러-히 법계에 널리 두루하시네

낱낱의 세계 가운데 모두 편안히 계시면서
모든 국토에도 다 두루하시니
시방의 보살들이 구름처럼 모여와서
도량으로 나아가지 않는 이가 없네

일체 국토의 가는 티끌 수만큼의
공덕과 광명의 보살바다가
여래의 대중 모임에 두루 있으며
법계에 모두 가득하고 두루하네

法界微塵諸刹土
一切衆中皆出現
如是分身智境界
普賢行中能建立

一切諸佛衆會中
勝智菩薩僉然坐
各各聽法生歡喜
處處修行無量劫

已入普賢廣大願
各各出生衆佛法
毘盧遮那法海中
修行克證如來地

법계의 가는 티끌 수와 같은 모든 국토의
일체 중생들 가운데 모두 나투시니
이와 같이 분신(分身)하는 지혜의 경계를
보현행 가운데 건립하셨네

일체 모든 부처님 대중 모임 가운데
지혜가 수승한 보살들이 다 함께 어울려 앉아서
각각이 법을 듣고 환희심 내며
곳곳에서 한량없는 겁 동안 수행하였네

이미 보현의 광대한 원에 들어가서
각각이 뭇 불법 연출해 내고
비로자나 부처님의 법해* 가운데에서
수행하여 여래의 지위를 증득했다네

普賢菩薩所開覺
一切如來同讚喜
已獲諸佛大神通
法界周流無不徧

一切刹土微塵數
常現身雲悉充滿
普爲衆生放大光
各雨法雨稱其心

보현보살의 깨달음을
모든 여래께서 함께 찬탄하고 기뻐함이여
모든 부처님의 큰 신통을 이미 얻어서
법계에 두루 다니지 않음이 없어서라네

모든 국토의 가는 티끌 수만큼의
몸구름(身雲)을 항상 나투어 모두 충만케 하여
널리 중생 위해 큰 광명을 놓아서
각각 법비를 내린 그 마음을 칭찬하시네

爾時衆中 復有菩薩摩訶薩 名觀察一切勝法蓮華光慧王 承
佛威神 觀察十方 而說頌曰

如來甚深智
普入於法界
能隨三世轉
與世爲明導

諸佛同法身
無依無差別
隨諸衆生意
令見佛色形

관찰일체승법연화광혜왕보살의 게송

이때 대중 가운데에 또 관찰일체승법연화광혜왕이라는
이름의 보살마하살이 있었으니, 부처님의 위신력을 받아서
시방을 관찰하고 게송으로 말하였다.

여래께서 깊고 깊은 지혜로
법계에 널리 들어가
삼세를 따라 굴리는
세간의 밝은 스승이 되셨네

모든 부처님의 법신은 같아서
의지함도 차별도 없건만
모든 중생의 뜻을 따라서
부처님께서 색과 모습을 보이시네

具足一切智
徧知一切法
一切國土中
一切無不現

佛身及光明
色相不思議
衆生信樂者
隨應悉令見

於一佛身上
化爲無量佛
雷音徧衆刹
演法深如海

모든 지혜를 갖추었기에
일체 법을 두루 알고
모든 국토 가운데에
일체를 나투지 아니함 없으시네

부처님께서는 몸과 광명,
부사의한 색상으로
중생들이 믿고 즐거워하는 것에
따라 응하여 모두 보게 하시네

한 부처님의 몸으로
화현시킨 한량없는 부처님의
우레 같은 음성, 뭇 세계에 두루하여
널리 펴신 법의 깊이, 바다 같네

一一毛孔中
光網徧十方
演佛妙音聲
調彼難調者

如來光明中
常出深妙音
讚佛功德海
及菩薩所行

佛轉正法輪
無量無有邊
所說法無等
淺智不能測

낱낱의 털구멍 가운데
광명그물이 시방에 두루하게 하여
부처님께서 묘한 음성으로 널리 펴
저 조복시키기 어려운 이들도 조복시키시네

여래께서는 광명 가운데에서
항상 깊고 묘한 음성을 내어
부처님들의 모든 공덕바다와
보살들의 행하는 바를 찬탄하시네

부처님께서 굴리시는 바른 법륜은
한량없고 끝이 없어
설한 법, 비길 것 없으니
얕은 지혜로는 측량하지 못하네

一切世界中
現身成正覺
各各起神變
法界悉充滿

如來一一身
現佛等衆生
一切微塵刹
普現神通力

모든 세계 가운데
몸을 나투어 정각을 이루고
각각으로 신통변화를 일으켜서
온 법계에 다 가득케 하시네

여래의 하나하나의 몸
중생과 같게 부처님께서 나툼이여
일체 가는 티끌 수와 같은 세계에
신통력으로 널리 나투시네

爾時衆中 復有菩薩摩訶薩 名法喜慧光明 承佛威神 觀察
十方 而說頌曰

佛身常顯現
法界悉充滿
恒演廣大音
普震十方國

如來普現身
徧入於世間
隨衆生樂欲
顯示神通力

법희혜광명보살의 게송

이때 대중 가운데에 또 법희혜광명이라는 이름의 보살마
하살이 있었으니, 부처님의 위신력을 받아서 시방을 관찰
하고 게송으로 말하였다.

부처님께서는 몸을 항상 나투어
법계에 모두 충만케 하고
광대한 음성으로 항상 널리 펴서
시방 국토에 널리 진동케 하시네

여래께서는 널리 나툰 몸으로
세간에 두루 들어가서
중생들의 원하는 바를 따라
신통력으로 나투어 보이시네

佛隨衆生心
普現於其前
衆生所見者
皆是佛神力

光明無有邊
說法亦無量
佛子隨其智
能入能觀察

佛身無有生
而能示出生
法性如虛空
諸佛於中住

부처님께서 중생들의 마음 따라
그들 앞에 널리 나투시니
중생들이 보는 것은
모두가 부처님의 신통력이네

광명이 끝이 없고
설한 법 또한 한량없으니
불자들이 그 지혜를 따라
들어가야 능히 관찰하네

부처님 몸은 남[生] 없으나
능히 태어남을 보이고
법성은 허공과 같건만
모든 부처님께서 그 가운데 머무시네

無住亦無去
處處皆見佛
光明靡不周
名稱悉遠聞

無體無住處
亦無生可得
無相亦無形
所現皆如影

佛隨衆生心
爲興大法雲
種種方便門
示悟而調伏

머묾도 감도 없으나
곳곳마다 모두 부처님 볼 수 있게 하고
광명이 미치지 않음 없게 하여
이름 부름이 멀리까지 다 들리게 하시네

몸 없어 머물 곳 없고
남[生]이 없어 얻을 것도 없으며
모습도 없고 형상도 없으니
나툰 것 모두 그림자 같네

부처님께서 중생의 마음 따라
큰 법의 구름을 일으켜
갖가지 방편문으로
보여 깨닫게 해서 조복시키시네

一切世界中
見佛坐道場
大衆所圍遶
照耀十方國

一切諸佛身
皆有無盡相
示現雖無量
色相終不盡

일체 세계 가운데에서
부처님께서 도량에 앉아 계신 것을 보니
대중들이 에워싸고 있고
시방 국토가 밝게 빛나고 있네

일체 모든 부처님의 몸에는
모두 다함 없는 상호가 있어
나타내 보이심 한량없어서
색상이 끝내 다함 없네

爾時衆中 復有菩薩摩訶薩 名香焰光普明慧 承佛威神 觀
察十方 而說頌曰

此會諸菩薩
入佛難思地
一一皆能見
一切佛神力

智身能徧入
一切刹微塵
見身在彼中
普見於諸佛

향염광보명혜보살의 게송

이때 대중 가운데에 또 향염광보명혜라는 이름의 보살마
하살이 있었으니, 부처님의 위신력을 받아서 시방을 관찰
하고 게송으로 말하였다.

여기 모인 모든 보살이
부처님의 사의 못 할 경지에 들어가서
한 분 한 분 모두
일체 부처님의 신통력을 보이네

지혜의 몸이
모든 세계의 가는 티끌에 두루 들어가
몸이 그 가운데 있으면서도
모든 부처님을 널리 뵙네

如影現衆刹
一切如來所
於彼一切中
悉現神通事

普賢諸行願
修治已明潔
能於一切刹
普見佛神變

身住一切處
一切皆平等
智能如是行
入佛之境界

그림자와 같이 나투어진 뭇 세계가
모두 여래의 처소로서
그 가운데 모든 것이
다 신통으로 나툰 일이라네

보현의 모든 행과 원
닦아 익혀서 이미 밝고 청정하며
능히 모든 세계에서
부처님의 신통변화를 널리 보이네

몸이 머무른 온갖 곳에
일체 다 평등해서
지혜로 이러-히 행하여
부처님 경계에 들어갔네

已證如來智
等照於法界
普入佛毛孔
一切諸刹海

一切佛國土
皆現神通力
示現種種身
及種種名號

能於一念頃
普現諸神變
道場成正覺
及轉妙法輪

여래의 지혜를 이미 증득하고
법계를 고르게 비춰서
부처님 털구멍 속
모든 세계에 널리 들어가네

일체 부처님 국토에
모든 신통력을 나투어서
갖가지 몸과
온갖 명호를 나타내 보이네

능히 온통인 생각으로
온갖 신통변화를 널리 나투기도 하고
도량에서 정각을 이루어
묘한 법륜을 굴리기도 하네

一切廣大刹
億劫不思議
菩薩三昧中
一念皆能現

一切諸佛土
一一諸菩薩
普入於佛身
無邊亦無盡

광대한 모든 세계
부사의한 억겁에
보살은 삼매 가운데에서
온통인 생각으로 모두 능히 나투네

모든 부처님 국토에서
한 분 한 분의 모든 보살이
부처님 몸에 두루 들어가니
끝이 없고 또한 다함도 없네

爾時衆中 復有菩薩摩訶薩 名師子奮迅慧光明 承佛威神 徧
觀十方 而說頌曰

毘盧遮那佛
能轉正法輪
法界諸國土
如雲悉周徧

十方中所有
諸大世界海
佛神通願力
處處轉法輪

사자분신혜광명보살의 게송

  이때 대중 가운데 또 사자분신혜광명이라는 이름의 보살
마하살이 있었으니, 부처님의 위신력을 받아서 시방을 두
루 관하고 게송으로 말하였다.

  비로자나 부처님께서
  바른 법륜을 굴려
  법계의 모든 국토에
  구름처럼 두루하게 하셨네

  시방세계 가운데의
  모든 큰 세계바다에서
  부처님의 신통과 원력으로
  곳곳에서 법륜을 굴리시네

一切諸剎土
廣大衆會中
名號各不同
隨應演妙法

如來大威力
普賢願所成
一切國土中
妙音無不至

佛身等剎塵
普雨於法雨
無生無差別
現一切世間

일체 모든 국토의
광대한 뭇 모임 가운데
명호가 각각 같지 않음은
따라 응하여 묘한 법 널리 펴심일세

여래의 큰 위신력은
보현의 행원으로 이룬 바라
모든 국토 가운데
묘한 법음이 이르지 않는 데가 없네

부처님께서는 몸을 세계의 티끌 수같이 해서
법비를 두루 비 내리듯 하여
남〔生〕도 없고 차별도 없이
모든 세간에 나투시네

無數諸億劫
一切塵刹中
往昔所行事
妙音咸具演

十方塵國土
光網悉周徧
光中悉有佛
普化諸群生

佛身無差別
充滿於法界
能令見色身
隨機善調伏

수없는 모든 억겁 동안
모든 티끌세계 가운데에서
지나간 옛적 행한 바 일을
묘한 음성으로 모두 널리 펴시네

시방의 티끌 같은 국토에
광명그물이 모두 널리 두루한데
광명 가운데 다 부처님이 계시어
모든 중생을 널리 교화하시네

부처님의 몸은 차별이 없어서
온 법계에 충만한 가운데
능히 색신을 보여서
근기 따라 잘 조복시키시네

三世一切刹
所有衆導師
種種名號殊
爲說皆令見

過未及現在
一切諸如來
所轉妙法輪
此會皆得聞

삼세의 모든 세계에
모든 뭇 스승들이
갖가지로 명호를 달리 해서
모두 깨우치도록 설하시네

과거 미래 현재에 계신
일체 모든 여래께서
묘한 법륜 굴리시는 것을
이 모임에서 모두 듣네

爾時衆中 復有菩薩摩訶薩 名法海慧功德藏 承佛威神 觀
察十方 而說頌曰

此會諸佛子
善修衆智慧
斯人已能入
如是方便門

一一國土中
普演廣大音
說佛所行處
周聞十方刹

법해혜공덕장보살의 게송

　이때 대중 가운데 또 법해혜공덕장이라는 이름의 보살마
하살이 있었으니, 부처님의 위신력을 받아서 시방을 관찰
하고 게송으로 말하였다.

　이 회상의 모든 불자가
　온갖 지혜를 잘 닦았으니
　이 사람들은 이미
　이러-한 방편문에 잘 들어갔네

　낱낱의 국토 가운데
　광대한 음성으로 널리 펴
　부처님께서 수행하신 바 설함이
　시방세계에 두루 들리네

一一心念中
普觀一切法
安住眞如地
了達諸法海

一一佛身中
億劫不思議
修習波羅蜜
及嚴淨國土

一一微塵中
能證一切法
如是無所礙
周行十方國

낱낱의 마음 생각 가운데
일체 법을 널리 관하고
진여의 바탕에 편히 머물러
모든 법바다를 통달하셨네

한 분 한 분마다 부처의 몸 가운데
부사의한 억겁 동안
바라밀을 닦아 익혀서
국토를 청정하게 장엄하셨네

낱낱의 가는 티끌 가운데
모든 법을 증득하여
이러-히 걸림 없이
시방 국토에 두루 다니시네

一一佛刹中
往詣悉無餘
見佛神通力
入佛所行處

諸佛廣大音
法界靡不聞
菩薩能了知
善入音聲海

劫海演妙音
其音等無別
智周三世者
入彼音聲地

낱낱의 불세계 가운데
남김없이 다 나아가서
부처의 신통력을 보이고
부처의 수행한 곳에 들게 하네

모든 부처님의 광대한 음성
법계에 들리지 않는 곳 없어
보살들이 능히 밝게 깨달아서
음성바다에 잘 들어가네

겁해에 널리 편 신묘한 음성
그 소리 평등하여 차별 없건만
지혜가 삼세에 두루한 이라야
그 음성바탕에 들어가네

衆生所有音
及佛自在聲
獲得音聲智
一切皆能了

從地而得地
住於力地中
億劫勤修行
所獲法如是

중생들의 모든 음성과
부처님의 자재한 음성
음성에서 지혜로 깨달아 얻은 이라야
일체 모두 능히 요달하네

과위를 깨달아 과위에 따라
힘의 과위 가운데 머무니
억겁에 부지런히 수행하여
얻은 법이 이러-하다네

爾時衆中 復有菩薩摩訶薩 名慧燈普明 承佛威神 觀察十
方 而說頌曰

一切諸如來
遠離於衆相
若能知是法
乃見世導師

菩薩三昧中
慧光普明了
能知一切佛
自在之體性

혜등보명보살의 게송

이때 대중 가운데 또 혜등보명이라는 이름의 보살마하살
이 있었으니, 부처님의 위신력을 받아서 시방을 관찰하고
게송으로 말하였다.

일체 모든 여래께서
모든 상을 멀리 여의라 하셨으니
만약 능히 이 법을 알면
세상의 스승을 보게 되리라

보살의 삼매 가운데에
널리 밝게 요달한 지혜광명인
모든 부처님을 능히 알면
자재한 본래의 성품이네

見佛眞實體
則悟甚深法
普觀於法界
隨願而受身

從於福海生
安住於智地
觀察一切法
修行最勝道

一切佛刹中
一切如來所
如是徧法界
悉見眞實體

부처님의 참된 실체를 보면
곧 깊고 깊은 법 바로 깨달아
법계를 널리 관하여
서원을 따라 몸을 받네

복의 바다로부터 나서
지혜의 바탕에 편히 머물며
일체 법 관찰하여
가장 수승한 도 닦아 행하네

모든 부처님세계의
모든 여래의 처소가
이러-히 법계에 두루하여
진실한 몸, 전부 드러났네

十方廣大刹
億劫勤修行
能遊正徧知
一切諸法海

唯一堅密身
一切塵中見
無生亦無相
普現於諸國

隨諸衆生心
普現於其前
種種示調伏
速令向佛道

시방의 광대한 세계에서
억겁에 부지런히 수행하여
능히 정변지(正偏知)*로
일체 모든 법바다에 노니시네

온통인 견고하고 밀밀한 몸
모든 티끌 가운데에서 보이지만
남[生]도 없고 모습도 없는 데서
모든 국토에 널리 나투시네

모든 중생의 마음 따라
그 앞에 두루 나투어
갖가지로 조복함 보여서
빨리 불도를 향하게 하시네

以佛威神故
出現諸菩薩
佛力所加持
普見諸如來

一切衆導師
無量威神力
開悟諸菩薩
法界悉周徧

부처님의 위신력으로써
모든 보살이 출현하고
부처님 힘의 가호로써
모든 여래를 두루 뵙네

모든 무리의 인도자께서
한량없는 위신력으로
모든 보살을 깨닫게 하여
법계에 다 널리 두루하게 하시네

爾時衆中 復有菩薩摩訶薩 名華焰髻普明智 承佛威神 觀
察十方 而說頌曰

一切國土中
普演微妙音
稱揚佛功德
法界悉充滿

佛以法爲身
淸淨如虛空
所現衆色形
令入此法中

화염계보명지보살의 게송

이때 대중 가운데 또 화염계보명지라는 이름의 보살마하
살이 있었으니, 부처님의 위신력을 받아서 시방을 관찰하
고 게송으로 말하였다.

모든 국토 가운데
미묘한 음성으로 두루 널리 펴
부처님 공덕 드날림이
법계에 두루 충만하네

부처님께서는 법으로써 몸을 이루어
허공같이 청정하니
모든 색과 형상 나툰 바까지
이 법 가운데 들게 하심일세

若有深信喜
及爲佛攝受
當知如是人
能生了佛智

諸有少智者
不能知此法
慧眼淸淨人
於此乃能見

以佛威神力
觀察一切法
入住及出時
所見皆明了

만약 깊이 믿고 기뻐하면
부처님께서 거두심이 되니
마땅히 알라 이러-한 사람은
능히 부처님의 지혜에 깨달음이 생기네

모든 유루의 세계,* 지혜가 적은 이들은
이 법을 능히 알지 못하나
지혜의 눈이 청정한 이는
이것을 능히 보리라

부처님 위신력으로써
일체 법을 관찰케 하여
들고 날 때마다
모두 분명히 요달케 하네

一切諸法中
法門無有邊
成就一切智
入於深法海

安住佛國土
出興一切處
無去亦無來
諸佛法如是

一切衆生海
佛身如影現
隨其解差別
如是見導師

일체 모든 법 가운데에
법문이 끝없어서
일체종지 성취한 이라야
깊은 법바다에 들어가네

부처님께서는 국토에 편히 머물며
모든 곳에 나와 왕성하지만
감도 없고 옴도 없으니
모든 불법이 이러-하네

모든 중생바다에
부처님께서 몸을 그림자처럼 나투어
그 아는 것을 따라 차별되게 하여
인도하는 스승을 이러-히 보게 하시네

一切毛孔中
各各現神通
修行普賢願
淸淨者能見

佛以一一身
處處轉法輪
法界悉周徧
思議莫能及

모든 털구멍 가운데
각각 신통 나투어
보현의 원력을 닦아 행하여
청정한 분을 능히 보게 하시네

부처님께서 하나하나의 몸으로써
곳곳마다 법륜 굴리어
법계에 두루 널리 하심은
생각하고 논의함으로는 미치지 못하네

爾時衆中 復有菩薩摩訶薩 名威德慧無盡光 承佛威神 觀察十方 而說頌曰

一一佛刹中
處處坐道場
衆會共圍遶
魔軍悉摧伏

佛身放光明
徧滿於十方
隨應而示現
色相非一種

위덕혜무진광보살의 게송

이때 대중 가운데 또 위덕혜무진광이라는 이름의 보살마
하살이 있었으니, 부처님의 위신력을 받아서 시방을 관찰
하고 게송으로 말하였다.

낱낱의 부처님세계 가운데
곳곳마다 도량에 앉아 계시니
대중이 모여 모두 에워싸고 있는데
마군의 무리 다 꺾어 조복시키시네

부처님 몸에서 광명 놓아
시방에 두루 가득한 가운데
따라 응하여 나타내 보이시는
색상이 한 가지가 아니라네

一一微塵內
光明悉充滿
普見十方土
種種各差別

十方諸刹海
種種無量刹
悉平坦淸淨
帝靑寶所成

或覆或傍住
或似蓮華合
或圓或四方
種種衆形相

낱낱의 가는 티끌 속까지
모두 충만한 광명으로
시방 국토에
갖가지로 각각 차별되게 널리 보이시네

시방의 모든 세계의
갖가지 한량없는 국토가
모두 평탄하고 청정하니
제청보배로 이룬 것이네

혹 덮여 있거나 혹 의지해 있거나
혹 몽우리진 연꽃 같거나
혹 둥글거나 혹은 네모난 것이거나
갖가지 형상들이네

法界諸刹土
周行無所礙
一切衆會中
常轉妙法輪

佛身不思議
國土悉在中
於其一切處
導世演眞法

所轉妙法輪
法性無差別
依於一實理
演說諸法相

법계의 모든 국토에
걸림 없이 두루 다니며
온갖 대중이 모인 가운데
묘한 법륜을 항상 굴리시네

부처님 몸은 부사의해서
국토가 다 그 속에 있고
그 모든 곳에서
참된 법을 널리 펴서 세상을 인도하시네

신묘한 법륜을 굴리나
법성에는 차별이 없으며
온통인 진실한 이치에 의해
모든 법상(法相)을 널리 펴 설하시네

佛以圓滿音
闡明眞實理
隨其解差別
現無盡法門

一切刹土中
見佛坐道場
佛身如影現
生滅不可得

부처님께서는 원만한 음성으로써
진실한 이치 드러내어 밝히니
그 아는 바를 따라 차별되게
다함 없는 법문 나투시네

온갖 국토 가운데의
도량에 앉으신 부처님을 뵈니
부처님 몸, 그림자와 같이 나툰 바라
나고 멸함 얻을 수 없네

爾時衆中 復有菩薩摩訶薩 名法界普明慧 承佛威神 觀察
十方 而說頌曰

如來微妙身
色相不思議
見者生歡喜
恭敬信樂法

佛身一切相
悉現無量佛
普入十方界
一一微塵中

법계보명혜보살의 게송

이때 대중 가운데 또 법계보명혜라는 이름의 보살마하살
이 있었으니, 부처님의 위신력을 받아서 시방을 관찰하고
게송으로 말하였다.

여래의 미묘한 몸
색상이 부사의함이여
보는 이마다 환희심 내어
공경하고 법을 믿어 즐거워하네

부처님께서는 일체 상(相)의 몸으로
모든 한량없는 부처를 나투어서
시방세계의
낱낱 티끌 속에 널리 들어가시네

十方國土海
無量無邊佛
咸於念念中
各各現神通

大智諸菩薩
深入於法海
佛力所加持
能知此方便

若有已安住
普賢諸行願
見彼衆國土
一切佛神力

시방 국토바다에
한량없고 끝없는 부처님들께서
모두 생각생각마다
각각 신통을 나투시네

큰 지혜의 모든 보살이
법바다에 깊이 들어가
부처님 힘의 가호로써
이 방편을 능히 안다네

만약 이미 보현의
모든 행과 서원에 편히 머물렀다면
저 온갖 국토의
모든 부처님의 신통력을 보았으리라

若人有信解
及以諸大願
具足深智慧
通達一切法

能於諸佛身
一一而觀察
色聲無所礙
了達於諸境

能於諸佛身
安住智所行
速入如來地
普攝於法界

어떤 이가 믿고 깨달아
모든 큰 원력과
깊은 지혜를 구족하면
일체 법을 통달하네

능히 모든 부처의 몸을
낱낱이 관찰하면
색과 소리에 걸릴 것이 없어서
모든 경계를 요달하네

모든 부처의 몸에
편히 머물러 지혜로써 행하면
여래의 과위에 곧바로 들어가
법계에서 널리 거두네

佛刹微塵數
如是諸國土
能令一念中
一一塵中現

一切諸國土
及以神通事
悉現一刹中
菩薩力如是

부처님세계의 가는 티끌 수 같은
이와 같은 모든 국토를
능히 온통인 생각 가운데
낱낱의 티끌마다 나투시네

일체 모든 국토와
신통의 일에 이르기까지
한 찰나에 다 나투시니
보살의 능력도 이와 같네

爾時衆中 復有菩薩摩訶薩 名精進力無礙慧 承佛威神 觀
察十方 而說頌曰

佛演一妙音
周聞十方刹
衆音悉具足
法雨皆充徧

一切言詞海
一切隨類音
一切佛刹中
轉於淨法輪

정진력무애혜보살의 게송

  이때 대중 가운데 또 정진력무애혜라는 이름의 보살마하
살이 있었으니, 부처님의 위신력을 받아서 시방을 관찰하
고 게송으로 말하였다.

  부처님께서는 온통인 묘음으로 널리 펴서
  시방세계에 두루 들리게 하니
  온갖 음성을 다 구족하여
  법을 비 내리듯 해서 두루 가득케 하시네

  온갖 말씀의 바다에서
  온갖 종류에 따른 음성으로
  모든 부처님세계 가운데에서
  청정한 법륜을 굴리시네

一切諸國土
悉見佛神變
聽佛說法音
聞已趣菩提

法界諸國土
一一微塵中
如來解脫力
於彼普現身

法身同虛空
無礙無差別
色形如影像
種種衆相現

일체 모든 국토에서
부처님의 신통변화를 다 보고
부처님의 설법하는 음성을 들으며
듣고 나서는 깨달음에 다다르네

법계 모든 국토의
낱낱 가는 티끌 가운데
여래의 해탈한 힘으로
널리 몸을 나투시네

법신은 허공과 같아서
걸림도 없고 차별도 없건만
그림자와 같은 색과 형상으로
갖가지 모양을 나투네

影像無方所
如空無體性
智慧廣大人
了達其平等

佛身不可取
無生無起作
應物普現前
平等如虛空

十方所有佛
盡入一毛孔
各各現神通
智眼能觀見

그림자 형상에는 방소가 없고
허공과 같아 성품이랄 것 없으니
지혜가 광대한 사람은
그 평등함을 요달하네

부처님 몸이란 취할 수 없는 것이어서
남〔生〕도 없고 일으켜 짓는 것도 없으나
중생들에 응하여 널리 목전에 나투시니
평등하기가 허공 같네

시방의 모든 부처님께서
모두 한 털구멍에 들어가
각각 신통 나툼을
지혜의 눈이라야 능히 관하여 보네

毘盧遮那佛
願力周法界
一切國土中
恒轉無上輪

一毛現神變
一切佛同說
經於無量劫
不得其邊際

비로자나 부처님의
원력이 법계에 두루하니
모든 국토 가운데
항상 위 없는 법륜을 굴리시네

한 털끝에 신통변화 나투어
모든 부처님께서 같이 설함이여
한량없는 겁 지나더라도
그 끝을 얻을 수 없다네

如此四天下道場中　以佛神力　十方各有一億世界海微塵數諸
菩薩衆　而來集會　應知一切世界海　一一四天下　諸道場中
悉亦如是

이와 같이 사천하 도량 가운데 부처님의 위신력으로 시
방에서 각각 일억 세계바다 가는 티끌 수만큼의 모든 보
살 대중이 회상에 와서 모였으니, 마땅히 알라.
　모든 세계바다 낱낱 사천하의 모든 도량 가운데서도 모
두 이와 같으니라.

대원선사 결문

대원선사 결문(決文)

"이 화장장엄세계바다 동쪽에 다음 세계바다가 있으니 이름이 청정광연화장엄이고, 그 세계의 종류 가운데 국토가 있으니 이름이 마니영락금강장이며, 부처님의 명호는 '법수각허공무변왕'이시다."

"이 화장세계바다 서쪽에 다음 세계바다가 있으니 이름이 가애락보광명이고, 그 세계의 종류 가운데 국토가 있으니 이름이 출생상묘자신구이며, 부처님의 명호는 '향염공덕보장엄'이시다."

위의 본문에서와 같이 부처님의 명호가 왕으로 지칭되기도 하고 '향염공덕보장엄'과 같이 달리 지칭되기도 하는 것을 보면 부처님께서는 그 세계, 그때, 그곳 중생들의 경지와 업의 경중에 알맞게 지위와 명호를 나투어 교화하고 계심을 알 수 있다.

이와 같이 교화하는 것을 수기설법이라 하는데, 다시 말
하면 근기에 따라 법을 베풀어 교화하고 구제하는 것이다.
수기설법하는 경지가 어떠한가?

천 년 고찰 기둥에 연륜이 드러나고
연못 속 한낮 해 그대로 은쟁반인데
그 쟁반 속 금잉어 꼬리춤을 추누나

∽ 미주

* 겁해(劫海) : 겁의 수량이 바닷물처럼 많은 것을 겁해라고 한다.

* 당기 : 원문의 '당(幢)'은 절의 문 앞에 꽂는 깃발의 일종이다. 불보
  살의 위신과 공덕을 표하는 장엄구로서 장대 끝에 용머리 모양을
  만들어 깃발을 달아 드리운다.

* 마니보배왕 : 마니보배 자체를 말한다. 마니보배는 여의주, 보주라
  고도 한다. 이 구슬은 용왕의 뇌 속에서 나온 것으로 광명이 깨끗
  하여 더러운 때가 묻지 않으며 이 구슬을 가지면 유독한 것이 해치
  지 못하고 불에 들어가도 타지 않는다고 한다. 여기서 말한 용왕은
  지혜와 능력을 갖춘 불성을 상징하며 마니보주 역시 이것을 의미한
  다.

* 모든 유루의 세계 : 원문의 '제유(諸有)'를 때에 따라 '모든 미혹의
  경계' 혹은 '모든 유루의 세계'라 번역하였다. 모든 유루의 세계는
  삼계 즉 욕계, 색계, 무색계를 다 통틀어 말하는 것이다. 인간세계
  가 속해 있는 욕계에서 보자면 인간, 천상으로부터 축생, 아수라,
  아귀, 지옥의 육도가 다 이에 속하며 유정은 물론 물, 불, 바람, 흙
  등 무정에 이르기까지의 모든 중생세계도 이에 속한다. 이 화엄경
  을 보면 불보살님의 교화는 이렇게 높고 낮고 크고 작은 것을 초월
  하여 극미세의 세계에까지 두루 미쳐 있다는 것을 알 수 있다. 이
  런 이치에 따라 '제유'를 '모든 유루의 세계'라고 번역하였다.

* 모든 천인[諸天] : 원문의 '제천(諸天)'은 '천상의 신들'이라는 뜻과 '천상세계에 살면서 불법을 수호하는 신들. 제천선신.'이라는 뜻이 있다.
* 백호상(白毫相) : 부처님의 두 눈썹 사이에 있다는 흰 털로서, 오른 쪽으로 말려 있고 여기에서 광명을 발한다고 함. 불상에는 진주·비취·금 따위를 박아 표시함. 백모상(白毛相)이라고도 한다.
* 법해(法海) : 바다와 같이 깊고 광대한 가르침을 바다에 비유한 이름이다.
* 보배왕[寶王] : 부처님을 말한다.
* 보배장 : 원문의 '장(藏)'은 곳집, 광, 창고 등으로 쓰이는 글자인데 이 한 글자로 보장(寶藏) 즉 보배장의 뜻으로도 쓰인다. 화엄경에서는 대부분 보장으로 쓰였다.
* 보살승(菩薩乘) : 성문승, 연각승을 이승, 소승이라고 하는 데 반해 대승 불교도를 부르는 이름이다.
* 불퇴전지(不退轉地) : 보살의 계위(階位) 중 하나. 불도 수행의 과정에서 이미 얻은 공덕을 잃지 않고 더 이상 퇴보하거나 악취(惡趣)에 떨어지지 않는 경지를 말한다. 불퇴전위(不退轉位), 불퇴주(不退住)라고도 한다.
* 여래(如來) : 부처님의 열 가지 명호 중 하나.

* 열 부처님〔十佛〕: 해경십불(解境十佛) - 화엄종에서 진실한 지해(智解)로써 법계를 볼 때에는 만유는 모두 불신(佛身)이라 하여, 이것을 중생신(衆生身), 국토신(國土身), 업보신(業報身), 성문신(聲聞身), 연각신(緣覺身), 보살신(菩薩身), 여래신(如來身), 지신(智身), 법신(法身), 허공신(虛空身)의 10종으로 나눈 것. 행경십불(行境十佛) - 화엄종에서 수행한 결과로 깨달아 얻는 불신(佛身)의 경계를 10종으로 나눈 것. ① 정각불(正覺佛) 또는 무착불(無着佛) ② 원불(願佛) ③ 업보불(業報佛) ④ 주지불(住持佛) ⑤ 화불(化佛) ⑥ 법계불(法界佛) ⑦ 심불(心佛) ⑧ 삼매불(三昧佛) ⑨ 성불(性佛) ⑩ 여의불(如意佛).

* 열반 : 원문에 '출리(出離)'라고 되어 있는데 이는 미혹한 세계에서 벗어나는 것, 번뇌의 속박에서 벗어나는 것을 말한다. 열반, 해탈, 초월하다의 뜻을 지니고 있다.

* 염부단금(閻浮檀金) : 염부나무 사이를 흐르는 강에서 나오는 사금(沙金). 또는 염부나무 밑에 있다고 하는 금덩어리.

* 영락(瓔珞) : 목·팔 등에 두르는 구슬을 펜 장신구.

* 육도(六道) : 원문에 '제취(諸趣)'라고 되어 있다. 취란 중생이 번뇌에 의해 업을 만들어 그 업에 이끌려 사는 곳으로 이를 여섯 종류로 나누어 육취, 악취, 악도 등으로 부른다. 그러므로 취는 육도윤회의 다른 이름이다.

* 위 없는 보리〔無上菩提〕: 무상정등각(無上正等覺). 바르고 원만한 부처의 깨달음. 부처가 체득한 가장 수승한 깨달음의 지혜.
* 위신력(威神力): 부처님의 과위에 있는 존엄하고 측량할 수 없는 부사의한 힘.
* 정변지(正徧知): 부처님의 열 가지 이름 중의 하나. 올바른 깨달음을 얻은 자. 정등각자(正等覺者). 무상정등각자(無上正等覺者). 정각자(正覺者).
* 제청보(帝靑寶): 이 보배의 푸른 빛을 받으면 다른 물건들도 푸른 빛으로 변한다고 함. 부처님을 보면 보리행을 하게 되는 것의 비유.
* 평등법(平等法): 모든 중생이 어떤 차별도 없이 모두 부처가 될 수 있다는 법.
* 화만〔鬘〕: 방 안에 걸어두거나 부처님께 공양하기 위하여 생화 또는 금은의 조화(造花)를 달아 늘어뜨리는 장신구.

∞ 81권 화엄경 권과 품

불조정맥

불조정맥(佛祖正脈)

🪷 인 도

교조 석가모니불 (敎祖 釋迦牟尼佛)

1조 마하가섭 (摩訶迦葉)

2조 아난다 (阿難陀)

3조 상나화수 (商那和脩)

4조 우바국다 (優波鞠多)

5조 제다가 (堤多迦)

6조 미차가 (彌遮迦)

7조 바수밀 (婆須密)

8조 불타난제 (佛陀難堤)

9조 복타밀다 (伏馱密多)

10조 파율습박(협) (波栗濕縛, 脇)

11조 부나야사 (富那夜奢)

12조 아나보리(마명) (阿那菩堤, 馬鳴)

13조 가비마라 (迦毗摩羅)

14조 나가르주나(용수) (那閼羅樹那, 龍樹)

15조 가나제바 (迦那堤波)

16조 라후라타 (羅睺羅陀)

17조 승가난제 (僧伽難提)

18조 가야사다 (迦耶舍多)

19조 구마라다 (鳩摩羅多)

20조 사야다 (闍夜多)

21조 바수반두 (婆修盤頭)

22조 마노라 (摩拏羅)

23조 학륵나 (鶴勒那)

24조 사자보리 (師子菩堤)

25조 바사사다 (婆舍斯多)

26조 불여밀다 (不如密多)

27조 반야다라 (般若多羅)

28조 보리달마 (菩堤達磨)

🪷 중 국

29조 신광 혜가 (2조 神光 慧可)

30조 감지 승찬 (3조 鑑智 僧璨)

31조 대의 도신 (4조 大醫 道信)

32조 대만 홍인 (5 조 大滿 弘忍)

33조 대감 혜능 (6 조 大鑑 慧能)

34조 남악 회양 (7 조 南嶽 懷讓)

35조 마조 도일 (8 조 馬祖 道一)

36조 백장 회해 (9 조 百丈 懷海)

37조 황벽 희운 (10조 黃檗 希雲)

38조 임제 의현 (11조 臨濟 義玄)

39조 흥화 존장 (12조 興化 存獎)

40조 남원 혜옹 (13조 南院 慧顒)

41조 풍혈 연소 (14조 風穴 延沼)

42조 수산 성념 (15조 首山 省念)

43조 분양 선소 (16조 汾陽 善昭)

44조 자명 초원 (17조 慈明 楚圓)

45조 양기 방회 (18조 楊岐 方會)

46조 백운 수단 (19조 白雲 守端)

47조 오조 법연 (20조 五祖 法演)

48조 원오 극근 (21조 圓悟 克勤)

49조 호구 소륭 (22조 虎丘 紹隆)

50조 응암 담화 (23조 應庵 曇華)

51조 밀암 함걸 (24조 密庵 咸傑)

52조 파암 조선 (25조 破庵 祖先)

53조 무준 사범 (26조 無準 師範)

54조 설암 혜랑 (27조 雪岩 慧郎)

55조 급암 종신 (28조 及庵 宗信)

56조 석옥 청공 (29조 石屋 淸珙)

※ 한 국

57조 태고 보우 (1 조 太古 普愚)

58조 환암 혼수 (2 조 幻庵 混脩)

59조 구곡 각운 (3 조 龜谷 覺雲)

60조 벽계 정심 (4 조 碧溪 淨心)

61조 벽송 지엄 (5 조 碧松 智儼)

62조 부용 영관 (6 조 芙蓉 靈觀)

63조 청허 휴정 (7 조 淸虛 休靜)

64조 편양 언기 (8 조 鞭羊 彦機)

65조 풍담 의심 (9 조 楓潭 義諶)

66조 월담 설제 (10조 月潭 雪霽)

67조 환성 지안 (11조 喚醒 志安)

68조 호암 체정 (12조 虎巖 體淨)

69조 청봉 거안 (13조 靑峰 巨岸)

70조 율봉 청고 (14조 栗峰 靑杲)

71조 금허 법첨 (15조 錦虛 法沾)

72조 용암 혜언 (16조 龍巖 慧言)

73조 영월 봉율 (17조 詠月 奉律)

74조 만화 보선 (18조 萬化 普善)

75조 경허 성우 (19조 鏡虛 惺牛)

76조 만공 월면 (20조 滿空 月面)

77조 전강 영신 (21조 田岡 永信)

78대 대원 문재현 (22대 大圓 文載賢)

대원 문재현 선사님 인가 내력

대원 문재현 선사님 인가 내력

 제 1 오도송

이 몸을 끄는 놈 이 무슨 물건인가?
골똘히 생각한 지 서너 해 되던 때에
쉬이하고 불어온 솔바람 한 소리에
홀연히 대장부의 큰 일을 마치었네

무엇이 하늘이고 무엇이 땅이런가
이 몸이 청정하여 이러-히 가없어라
안팎 중간 없는 데서 이러-히 응하니
취하고 버림이란 애당초 없다네

하루 온종일 시간이 다하도록
헤아리고 분별한 그 모든 생각들이

옛 부처 나기 전의 오묘한 소식임을
듣고서 의심 않고 믿을 이 누구인가!

此身運轉是何物
疑端汨沒三夏來
松頭吹風其一聲
忽然大事一時了

何謂靑天何謂地
當體淸淨無邊外
無內外中應如是
小分取捨全然無

一日於十有二時
悉皆思量之分別
古佛未生前消息
聞者卽信不疑誰

　　대원 문재현 선사님의 스승이신 불조정맥 제77조 조계종(曹溪宗)
전강(田岡) 대선사님께서 1962년 대구 동화사의 조실로 계실 당시
대원 문재현 선사님께서도 동화사에 함께 머무르고 계셨다.
　　하루는, 전강 대선사님께서 대원 선사님의 3연으로 되어 있는 제
1오도송을 들어 깨달은 바는 분명하나 대개 오도송은 짧게 짓는다

고 말씀하셨다. 이에 대원 선사님께서는 제1오도송을 읊은 뒤, 도솔암을 떠나 김제들을 지나다가 석양의 해와 달을 보고 문득 읊었던 제2오도송을 일러드렸다.

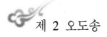 제 2 오도송

해는 서산 달은 동산 덩실하게 얹혀 있고
김제의 평야에는 가을빛이 가득하네
대천이란 이름자도 서지를 못하는데
석양의 마을길엔 사람들 오고 가네

日月兩嶺載同模
金提平野滿秋色
不立大千之名字
夕陽道路人去來

제2오도송을 들으신 전강 대선사님께서는 이에 그치지 않고 그와 같은 경지를 담은 게송을 이 자리에서 즉시 한 수 지어볼 수 있겠냐고 하셨다. 대원 선사님께서는 곧바로 다음과 같이 읊으셨다.

바위 위에는 솔바람이 있고

산 아래에는 황조가 날도다
대천도 흔적조차 없는데
달밤에 원숭이가 어지러이 우는구나

岩上在松風
山下飛黃鳥
大千無痕迹
月夜亂猿啼

전강 대선사님께서는 위 송의 앞의 두 구를 들으실 때만 해도 지그시 눈을 감고 계시다가 뒤의 두 구를 마저 채우자 문득 눈을 뜨고 기뻐하는 빛이 역력하셨다.

그러나 전강 대선사님께서는 여기에서도 그치지 않고 다시 한 번 물으셨다.

"대중들이 자네를 산으로 불러내고 그중에 법성(향곡 스님 법제자인 진제 스님. 동화사 선방에 있을 당시에 '법성'이라 불렸고, 나중에 '법원'으로 개명하였다.)이 달마불식(達磨不識) 도리를 일러보라 했을 때 '드러났다'라고 답했다는데, 만약에 자네가 당시의 양무제였다면 '모르오'라고 이르고 있는 달마 대사에게 어떻게 했겠는가?"

대원 선사님께서 답하셨다.

"제가 양무제였다면 '성인이라 함도 서지 못하나 이러-히 짐의 덕화와 함께 어우러짐이 더욱 좋지 않겠습니까?' 하며 달마 대사의

손을 잡아 일으켰을 것입니다."

전강 대선사님께서 탄복하며 말씀하셨다.

"어느새 그 경지에 이르렀는가?"

"이르렀다곤들 어찌 하며, 갖추었다곤들 어찌 하며, 본래라곤들 어찌 하리까? 오직 이러-할 뿐인데 말입니다."

대원 선사님께서 연이어 말씀하시자 전강 대선사님께서 이에 환희하시니 두 분이 어우러진 자리가 백아가 종자기를 만난 듯, 고수 명창 어울리듯 화기애애하셨다.

달마불식 공안에 대한 위의 문답은 내력이 있는 것이다. 전강 대선사님께서 대원 선사님을 부르기 며칠 전에, 저녁 입선 시간 중에 노장님 몇 분만이 자리에 앉아있을 뿐 자리가 텅텅 비어 있었다고 한다.

대원 선사님께서 이상히 여기고 있던 중, 밖에서 한 젊은 수좌가 대원 선사님을 불렀다. 그 수좌의 말이 스님들이 모두 윗산에 모여 기다리고 있으니 가자고 하기에 무슨 일인가 하고 따라가셨다.

그러자 그 자리에 있던 법성 스님이 보자마자 달마불식 법문을 들고 이르라고 하기에 지체없이 답하셨다.

"드러났다."

곁에 계시던 송암 스님께서 또 안수정등 법문을 들고 물으셨다.

"여기서 어떻게 살아나겠소?"

대뜸 큰소리로 이르셨다.

"안·수·정·등."

이에 좌우에 모인 스님들이 함구무언(緘口無言)인지라 대원 선사님께서는 먼저 그 자리를 떠나 내려와 버리셨다.

그 다음날 입승인 명허 스님께서 아침 공양이 끝난 자리에서 지난 밤 입선시간 중에 무단으로 자리를 비운 까닭을 묻는 대중 공사를 붙여 산 중에서 있었던 일들이 낱낱이 드러나고 말았다. 그리하여 입선시간 중에 자리를 비운 스님들은 가사 장삼을 수하고 조실인 전강 대선사님께 참회의 절을 했던 일이 있었다.

전강 대선사님께서는 이때에 대원 선사님께서 달마불식 도리에 대해 일렀던 경지를 점검하셨던 것이다.

이런 철저한 검증의 자리가 있었던 다음 날, 전강 대선사님께서 부르시기에 대원 선사님께서 가보니 주지인 월산(月山) 스님께서 모든 것이 약조된 데에서 입회해 계셨으며 전강 대선사님께서는 곧바로 다음과 같이 전법게(傳法偈)를 전해주셨다.

 전 법 게

부처와 조사도 일찍이 전한 것이 아니거늘
나 또한 어찌 받았다 하며 준다 할 것인가
이 법이 2천년대에 이르러서
널리 천하 사람을 제도하리라

佛祖未曾傳
我亦何受授
此法二千年
廣度天下人

덧붙여 이 일은 월산 스님이 증인이며 2000년까지 세 사람 모두 절대 다른 사람이 알게 하거나 눈에 띄게 하지 않아야 한다고 당부하셨다.

만약 그러지 않을 시에는 대원 선사님께서 법을 펴 나가는데 장애가 있을 것이라고 예언하셨다. 또한 각별히 신변을 조심하라 하시고 월산 스님에게 명령해 대원 선사님을 동화사의 포교당인 보현사에 내려가 교화에 힘쓰게 하셨다.

대원 선사님께서 보현사로 떠나는 날, 전강 대선사님께서는 미리 적어두셨던 부송(付頌)을 주셨으니 다음과 같다.

 부 송

어상을 내리지 않고 이러-히 대한다 함이여
뒷날 돌아이가 구멍 없는 피리를 불리니
이로부터 불법이 천하에 가득하리라

不下御床對如是
後日石兒吹無孔
自此佛法滿天下

위의 송의 '어상을 내리지 않고 이러-히 대한다 함이여'라는 첫째 줄 역시 내력이 있는 구절이다.

전에 대원 선사님께서 전강 대선사님을 군산 은적사에서 모시고 계실 당시 마당에서 홀연히 마주쳤을 때 다음과 같은 문답이 있었다.

전강 대선사님께서 물으셨다.

"공적(空寂)의 영지(靈知)를 이르게."

대원 선사님께서 대답하셨다.

"이러-히 스님과 대담(對談)합니다."

"영지의 공적을 이르게."

"스님과의 대담에 이러-합니다."

"어떤 것이 이러-히 대담하는 경지인가?"

"명왕(明王)은 어상(御床)을 내리지 않고 천하 일에 밝습니다."

위와 같은 문답 중에 대원 선사님께서 답하신 경지를 부송의 첫째 줄에 담으신 것이다.

전강 대선사님께서 대원 선사님을 인가(印可)하신 과정을 볼 때 한 번, 두 번, 세 번을 확인하여 철저히 점검하신 명안종사의 안목

에 탄복하지 않을 수 없으며 이에 끝까지 1초의 머뭇거림도 없이 명철하셨던 대원 선사님께 찬탄하지 않을 수 없다.

그리하여 법열로 어우러진 두 분의 자리가 재현된 듯 함께 환희 용약하지 않을 수 없다.

이제 전강 대선사님과 약속한 2천년대를 맞이하였으므로 여기에 전법게를 밝힌다.

이로써 경허, 만공, 전강 대선사님으로 내려온 근대 대선지식의 정법의 횃불이 이 시대에 이어져 전강 대선사님의 예언대로 불법이 천하에 가득할 것이다.

21세기에
인류가 해야 할 일

21세기에 인류가 해야 할 일

　이 사람은 1962년 26세 때부터 21세기에 인류에게 닥칠 공해문제, 에너지문제를 예견하고 대체에너지(무한원동기, 태양력, 파력, 풍력 등) 개발과 '울 안의 농법'을 연구하고 그 필요성을 많은 이들에게 이야기해 왔습니다.

　당시에는 너무 시대를 앞서가는 이야기여서인지 일반인들이 수용하지 못하고 오히려 불신의 눈으로 바라보며 이 사람의 법마저 의심하였습니다. 하지만 현대에 있어서는 이것이 인류가 해결해야 할 가장 절박한 사안이 되어 있습니다.

　'사막화방지 국제연대'를 설립한 것도 현재 인류가 해결해야 할 가장 절박한 지구환경문제를 이슈화시키고 그 해결책을 제시하여 재앙에 직면한 지구촌을 살리기 위해서입니다.

　'사막화방지 국제연대'에서 추진하고 있는 사막화 방지, 지구 초원화, 대체에너지 개발은 온 인류가 발 벗고 나서서 해야 할 일입니다.

첫 번째 사막화 방지에 있어서 기존에 해왔던 '나무심기 사업'은 천문학적인 예산과 많은 인력을 동원하고도 극도로 황폐한 사막화된 환경을 되살리는 데 실패하였습니다.

그래서 이 사람은 사막화 방지에 있어서는 '사막 해수로 사업'을 새로운 방안으로 제시하였습니다.

사막 해수로 사업은 사막화된 지역에 수도관을 매설하여 바닷물을 끌어들여서 염분에 강한 식물을 중심으로 자연생태계를 복원하는 사업입니다.

이것은 나무심기 사업으로 심은 나무들이 절대적으로 물이 부족하여 생존할 수 없었던 문제를 해결할 수 있는, 현재로서는 유일한 해결책입니다.

그러나 '사막화방지 국제연대'의 목적은 사막이 확장되는 것을 방지하자는 것이지 사막 전체를 완전히 없애자는 것은 아닙니다. 인체에서 심장이 모든 피를 전신의 구석구석까지 골고루 보내어 살아서 활동하게 하듯이 사막은 오히려 지구의 심장 역할을 하는 중요한 곳이기 때문입니다.

그래서 21세기에 있어서는 다만 사막의 확장을 방지할 뿐 아니라 사막을 어떻게 운용하느냐를 연구해야 합니다.

사막에 바둑판처럼 사방이 막힌 플륨관 수로를 설치하여 동, 서, 남, 북 어느 방향의 수로를 얼마만큼 채우느냐 비우느냐에 따라, 사막으로부터 사방 어느 방향으로든 거리까지 조절하여, 원하는 지역에 비를 내리게 하고 그치게 할 수 있습니다. 철저히 과학적인

데이터에 의해 이렇게 사막을 운용함으로써 21세기의 지구를 풍요로운 낙원시대로 만들어가야 합니다.

두 번째로 지구를 초원화할 수 있는 방안으로서 3년간의 실험을 통해, 광활한 황무지 지역을 큰 비용을 들이거나 많은 인력을 동원하지 않고도 짧은 시간 내에 초지로 바꿀 수 있는 식물을 찾아냈습니다.

그것은 바로 '돌나물'입니다. 돌나물은 따로 종자를 심을 필요가 없이 헬리콥터나 비행기로 살포해도 생존, 번식할 수 있으며, 추위와 더위, 황폐한 땅에서도 살아남을 수 있는 생명력과 번식력이 강한 식물입니다.

지구환경을 되살리는 초지조성 사업에 있어서 이것이 큰 도움이 되리라 생각합니다.

세 번째의 대체에너지 개발에 있어서는 태양력, 파력, 풍력 등 1962년도부터 이 사람이 연구하고 얘기해왔던 방법들이 이미 많이 개발되어 실용화한 단계에 있습니다.

이 세 가지 일은 한 개인이나 한 국가가 할 수 있는 일이 아닙니다. 모든 국가가 앞장서서 전세계적인 사업으로 이루어져야 합니다. 모든 국가가 함께 한 기금조성이 이루어져야 하고 기금조성에 참여한 국가는 이 시스템에 의한 전면적인 혜택을 입을 수 있도록 해야 합니다.

인류 모두가 지혜를 모아 이 일에 전력을 다한다면 인류는 유사 이래 가장 좋은 시절을 맞이하게 될 것이며, 만약 이 일을 남의 일

인 양 외면한다면 극한의 재앙을 면할 수 없을 것입니다.

이 사람이 오래 전부터 얘기해왔던 '울 안의 농법'은 이미 미국 라스베이거스(Las Vegas)에서 30층짜리 '고층 빌딩 농장'으로 구현되었습니다. 그렇게 크게도 운영될 수 있지만 각자 자신의 집에서 이루어지는 '울 안의 농법'도 필요합니다.

21세기에 있어서 또 하나 인류가 만일의 사태를 대비해서 연구, 추진해야 될 일이 있다면 바닷속에서의 수중생활, 수중경작입니다.

지구가 심하게 온난화될 경우, 공기가 너무 많이 오염될 경우, 바닷물이 높아져 살 땅이 좁아질 경우 등에 대비할 때, 인류는 우주에서의 삶보다는 바닷속에서의 삶을 준비해야 합니다. 왜냐하면 그것이 훨씬 수월하고 비용도 절감할 수 있기 때문입니다.

이렇게 깨달은 이는 이변적으로는 깨달음을 얻게 하여 영생불멸의 삶을 영위할 수 있도록 만인을 이끌어야 하며 사변적으로는 일반인이 예측할 수 없는 백 년, 천 년 앞을 내다보아 이를 미리 앞서 대비하도록 만인의 삶을 이끌어줘야 한다고 생각합니다.

불법의 뜻은 다만 진리 전수에만 있는 것이 아니니, 만인이 서로 함께 영원한 극락을 누릴 때까지 물심양면으로, 이사일여로 베풀어 교화해야 하기 때문입니다.

가슴으로 부르는
불심의 노래

여기에 실린 것들은 모두 대원 문재현 선사
님께서 직접 작사하신 곡들이다.

　수행의 길로 들어서게끔 신심, 발심을 북돋
아주는 곡으로부터 수행의 길로 접어든 이의
구도의 몸부림이 담겨있는 곡, 대승의 원력을
발해서 교화하는 보살의 자비심과 함께 낙원
세계를 누리는 풍류를 그려놓은 곡까지 가사
한마디, 한마디가 생생하여 그 뜻이 뼛속 깊이
새겨지고 그 멋에 흠뻑 취하게 된다.

　대원 문재현 선사님께서는 거칠고 말초적인
요즘의 노래를 듣고 이러한 정서를 순화시키
고자, 또한 수행의 마음을 진작시키고자 하는
뜻에서 이 곡들을 작사하셨다.

🪷 가슴으로 부르는 불심의 노래 목록

🪷 기타 노래 목록

서 원 가

작사 문재현
작곡 배신영
노래 홍노경

느리게

참 나 를 깨 달 아 서 보 림 을 하 고 다 가 올 내 앞 날 의
보 살 의 가 는 길 이 험 난 타 해 도 맹 세 코 초 지 일 관
중 생 이 끝 이 없 다 말 들 을 해 도 보 현 의 만 행 다 해

서 원 이 라 네 기 어 코 육 바 라 밀 성 취 를 하 여 -
서 원 이 라 네 구 류 를 그 릇 따 라 깨 닫 게 하 여 -
제 도 를 하 여 유 정 과 무 정 모 두 다 한 그 날 이 -

불 보 살 님 큰 은 - 혜 - 에 보 - 답 하 - 면 서
스 승 님 의 큰 은 - 혜 - 에 보 - 답 하 - 면 서
삼 보 님 의 큰 은 - 혜 - 를 갚 - 는 날 - 이 니

영 원 히 구 제 의 길 나 는 - 가 리 - 라
영 원 히 구 제 의 길 나 는 - 가 리 - 라
영 원 히 구 제 의 길 나 는 - 가 리 - 라

Fine

반조 염불가

작사 문재현
작곡 배신영
노래 홍노경

느리게

(B 가사)

님께—서 베푸신 자비의은혜 오늘
본래—에 드러난 나인걸몰라 낙원

도 감사한맘—어—찌—잊으리니
을 고해로서—사—는—삶이니

가르침따름만—이 살길이란다짐으로 간
가르침따름만—이 살길이란다짐으로 반

절 히 시 시 때 회 광 반 조 아 미 타 불— 백—
조 의 아 미 타 불 나 도 잊 은 삼 매 의 앎— 깨—

팔 염 주 일 상 화 로 기 어 이— 크 게 깨 쳐 크 나
닫 기 에 좋 은 때 니 기 어 이— 원 을 이 뤄 금 생

큰— 님— 의 은 혜 갚 으 리 라 아 미 타— 불—
에— 구 제 중 생 불 은 갚 길 아 미 타— 불—

Fine

소중한 삶

작사 문재현
작곡 배신영
노래 홍노경

(모데라토) ♩ = 100

한 나날들을 아끼면서 사랑으로 베풀
은 영원하고 행복한삶 회복하려 노력

며 사노라면 삶이란 고해만은 아니리 라
하는 길이니 우리의 삶 앞날은 밝으리 라

고운시선 고운말로 어 울 려
좋은마음 좋은말로 감 싸 주고

격려하며 힘든삶 극 복 하면
삶 속에 불법을 실 천 하면

좋은업 좋은날 약속이아니던 가
영원하고 행복한삶 약속이아니던 가

Fine

소중
불법

석가모니불

작사 문재현
작곡 배신영
노래 홍노경

국악가요

석가 모니불 -
석가 모니불 -

거룩한 - 석가 모니불 - 하늘땅에 - 유일한 - 님 - 이기 에 우러
거룩한 - 석가 모니불 - 하늘땅에 - 유일한 - 님 - 이기 에 우러

러 간절 하게 - 기도하 - 면 내 소원이루어 지지요 - 탐 - 욕
러 가르 침을 - 따른다 - 면 언제나행복하 지 요 - 선 - 법

을 - 보시로 다스려서 행 - 하고 진 - 심을 - 인
을 - 깨달아 생활화를 함으로 써 이 - 세 - 상 - 이

욕으로 - 실천하면우 - 리 바 - 라는 그 세 - 상 - 활 짝 - 열리네 - 불 - 법의
대로를 - 낙원으로님 - 이 바 - 라신 그 소 - 원 - 꽃 을 - 피우리 - 불 - 법의

진 리깨달으면 - 함 없 - 는 - 함 - 으로 - 님 의은혜갚으 -
진 리깨달으면 - 함 없 - 는 - 함 - 으로 - 님 의은혜갚으 -

리 석가 - 모 - 니 - 불 - 우 리 - 부 처 - 님 - Fine
리 석가 - 모 - 니 - 불 - 우 리 - 부 처 - 님 -

맹서의 노래

작사 문재현
작곡 배신영
노래 홍노경

느리게

절절
한 사연 들로 부르는 관음 보살― 다시
는 다시는 맹서 하는― 관음 보 ― 살 광명
의삶― 영원한 삶으로― 오 는 날들 ― 님
과 같 기 서 원 합― 니 다―
업 연의 사연 들―로 부 ― 르는― 관음 보살― 다 시
는 다 ― 시 는 맹―서 하 는―
관음― 보살 베풂 의삶― 구제의 삶으로오는날들―
님과 같기 서 원합니다 ― 광명
삶으로오 는 날―들 님과같기서원합니다 ―

염원의 노래

작사 문재현
작곡 배신영
노래 홍노경

느리게

음성공양

작사 문재현
작곡 배신영
노래 홍노경

느리게

발 심 가

보사노바

작사 문재현
작곡 배신영
노래 홍노경

우 - 리 네 한 세 상 -   보 람 찬 삶 - 으 로 -
참 - 나 를 깨 달 아 -   보 림 을 하 - 고 요 -
본 - 연 - 한 몸 의 -   능 력 을 베 - 풀 어 -
눈 - 깜 박 하 는 새 -   한 세 상 다 - 가 고 -

바 꾸 기 위 - 하 여 -   닦 아 들 봅 - 시 다 -
자 비 심 발 - 하 여 -   구 제 길 나 - 서 서 -
극 - 락 세 - 계 -   장 엄 을 하 - 구 요 -
부 귀 와 공 - 명 은 -   잠 시 의 꿈 - 이 라 -

청 춘 - 홍 안 이 -   얼 마 나 길 - 던 가 -
중 생 들 세 계 에 -   고 통 을 없 - 애 어 -
동 실 - 두 동 실 -   누 리 기 위 - 하 여 -
이 러 한 되 풀 이 -   금 생 에 끝 - 내 어 -

꿈 꾸 는 사 - 이 에 -   백 발 이 된 - 다 네 -   1-2절 D.C
극 락 이 되 - 도 록 -   최 선 을 다 - 하 세 -   3-4절
오 늘 의 어 - 려 움 -   극 복 을 해 - 내 세 -
윤 회 의 사 슬 에 서 -   벗 어 나 납 - 시 다 -

부록4 - 가슴으로 부르는 불심의 노래 233

자비의 품

작사 문재현
작곡 배신영
노래 홍노경

느리게

자 대비보살 의 사랑 알지못 하고—
자 대비보살 의 사랑 자비의 품을—

외 면한 저중생 들을— 그 래도가— 없어—
떠 나간 저중생 들을— 저 리도애— 타게—

잊—지못 하는 그 진한— 마 음 모른
부르고부르— 는 절 절한— 마 음 새 기

체 하고—업 따라 갈 수가있— 나— 아— 아 하늘땅
고 새기면—업 따라 갈 수가있— 나— 아— 아 하늘땅

사 이— 다시 또 없는 자비의 품에— 어서돌아 와
사 이— 다시 또 없는 자비의 품에— 어서돌아 와

감 로수 에 소 — 원 이루— 라— Fine
감 로수 에 소 — 원 이루— 라—

부처님 은혜 1

작사 문재현
작곡 배신영
노래 홍노경

느리게

노을이 짙고 새둥ー지ー 찾을땐ー 부처 님의 절절한ー 말씀 생각이 나고

눈에이슬 맺힌채ー참회 기도ー 명 상 으로써 억 겁업을ー

재우노 라면 구름그늘ー 서늘한바 람 불어옴을ー맞음 이랄까ー

상쾌하고 확 트 인 가 슴ー 희 망의 미ー 소

입가에 번ー지ー 고 콧노래 가절로흘러나 온다ー 고맙

습 니다ー 참ー고맙습니 다 더없이큰부처 님은 혜

구류중 생을ー구제 함으로써 갚는것이서원ー입니 다 서원

향 해ー 뛸ー것ー입니 다ー 서원향해 다할것입니ー 다ー Fine

보살의 마음

작사 문재현
작곡 배신영
노래 홍노경

느리게

파 - 도 에   실 려 떠 가 는   낙엽같이 살아가는 인 생 -

구 원 코 자 - 따 라 주 며   같 이 하 는 자 - 비 인 데 -

제 안 경 에   보 인 대 로   말 들 - 하 - 지 만 -
눈 이 멀 고   귀 가 먹 은   저 들 - 이 - 지 만 -

못 들 은 척 - 모 르 는 척   최 - 선 - 다 하 - 리
황 소 처 럼 - 지 장 처   럼   최 - 선 - 다 하 - 리

바 - 른 눈   바 - 른 맘   통 쾌 - 히 열 어 라 -
지 - 혜 눈   지 - 혜 맘   통 쾌 - 히 열 어 라 -

아 -   아   아 - 아   그 - 날 - 이
아 -   아   아 - 아   그 - 날 - 이

그 - 날 이   오 기 만 을 기 다 리 는 마 - 음 -
그 - 날 이   오 기 만 을 기 다 리 는 마 - 음 -

이 생에 해야 할일

作詞 문재현
작곡 배신영
노래 홍노경

Trot Disco ♩ = 140

세상사람 날찾는일 등한하지 - 만 생각들
번갯불이 스쳐가듯 가는한세 - 상 맘닦아

해보구려 그러할일이던 가 번갯불 - 스쳐가듯 -
긴미래를 내마음내뜻대 로 대천세계 여저기서 -

아 - 아 무 상 한 한 세 - 상
아 - 아 풍 류 를 누 리 - 며

- 맘 닦 - 아 내 낙 원 을 -
끝없 - 는 구 제 의 길 -

내이뤄 누리는일 아 - 아 우리모 -
자비로 실천할일 아 - 아 우리모 -

두 해야할일 이일뿐일 세 해야 할 일 이일뿐일
두 해야할일 이일뿐일 세 해야 할 일 이일뿐일

세 -
세 -

DS. all play

부록4 - 가슴으로 부르는 불심의 노래 237

구도의 목표

작사 문재현
작곡 배신영
노래 홍노경

느리게

눈 뜨면 관음 우러러 보문을 따르며- 하
루 하루를 최 선-다 하는 일 에
언 제 나 떳떳한 불 자 로 서원코큰은 혜 갚는 보 살-행-
대자대 비를- 베-풀어 어느때 어느곳 그 무엇- 가리지않는
이-로- 제 일의- 사 표가 될 것을 목 표로삼 을
겁 니 다 아 아 사 바 의세 계가
다 하는- 그 날 까 지

Fine

님은 아시리

작사 문재현
작곡 배신영
노래 홍노경

Moderato ♩ = 100

사계 절의- 풍광 인들- 위로 되-겠-니
같이 되지 않아- 기도 에-젖-은

- 서 사 시의- 음률 인들- 쉬-어지-겠-니- 뜻과
이

마음- 님은- 아-시-리- 한 세 상 열
청춘의 모

정 쏟-아 닦는 수 행길- 불 보 살님 출 현 하 셔 베
든 욕-망 사뤄버리고- 회광반조촌각아낀열

푼 자-비-에- 모-든 망상- 모- 든 번
정 쏟-아-서- 이룬선정- 그 효 력

뇌 없었으 면 좋으련 만 마음 대로- 안 되 는게- 수 행 이 더
이 있었으 면 좋으련 만 마음 대로- 안 되 는게- 보 림 이 더

D.S. al Coda

라 수행이 더라 - 마음대로- 안되는게- 수행이더 라 수행이더라-
라 보림이 더라 -

Fine

부처님 은혜 2

작사 문재현
작곡 배신영
노래 홍노경

느리게

낙엽이 지고 국향-이 질 을 땐- 부처 님의 고고한- 말씀 법계 화 되 고

대 승 보 살 나투어-그릇 따라- 베 푼 법문에 만난 사- 람-

모 두가 깨 처 두타 보림- 수행을 하 여 있는 그 곳-극락 이어서-

걸음걸음 상쾌한 가 슴- 입가에 미 - 소

언제나 번 - 지 - 는 대자유 삶 누릴지어 - 다 고 맙

습 니다- 참 - 고맙습니 다 촌각인들 부처님은 혜

그 어찌 한 들- 잊을 날있으 리 불은 갚 는 그날- 까지 는 서원

향 해- 뛸 - 것-입니다- 서 원향해 다할 것입니 - 다-

Fine

성중성인 오셨네

(초파일노래)

작사 문재현
작곡 배신영
노래 홍노경

음력 사월 초 - 파일은 - 온누리의 제 - 일이신 - 성 중
음력 사월 초 - 파일은 - 온누리의 제 - 일이신 - 성 중

성인 - 부 - 처 님이 - 이 땅 위에 오 - 신 - 날 - 괴로
성인 - 부 - 처 님이 - 이 땅 위에 오 - 신 - 날 - 너를

움을 낙원으로 - 어두움을 - 광명으 - 로 바꾸
알 란 그가르 침 - 펼치 려고 - 오심이 니 자아

러 - 는 숙 - 원 - 을 시작하 신 날 - 너 나 없 이 모 두
완 - 성 이룩 - 해 우리 이 땅 - 이대로 를 낙원

함 께 - 경축 하세 모 두 함 께 경축 하 - 세 - 모 두
으 로 - 누려 보세 낙원 으로 누려 보 - 세 -

함 께 경축 하 - 세 -

내 문제는 내가 풀자

작사 문재현
작곡 배신영
노래 홍노경

조금빠르게

즐거운 밤

작사 문재현
작곡 배신영
노래 홍노경

Trot Disco ♩ = 145

산 사의 - 연-등불빛 - 아롱다롱 - 한들한들 -
그윽한 울림속의 - 모두가 정-성 -
맘 모은 축하속꿈실은 - 발원의 미소를지으며
즐겁게노래하면 - 아롱다롱 연등불도 흥겨웁고- 자비
한 여래품의 포근한 이한밤
을 석가 모니불- 석가모니불- 나-
무 석-가-모니- 불-

Fine

관 음 가

작사 문재현
작곡 배신영
노래 홍노경

조금빠르게 ♩ = 130

꽃을 보아도 먼 산을 보아도 그리움그리움이 - 더 해 -

진 관 세 음 관 세 음 은 -

포 근 한 아 아 - 품 이 - 랍 - 니 - 다 -

기쁠 때에 도 어 려울 때에 도 자애

2xbis

로 다 가 오 셔 - 서 힘 - 이 되 -

신 관 - 세 음 관 세 음 은 - 포 근 한 - 품 - 이 랍 니

- 다 -

Fine

부 처 님

작사 문재현
작곡 배신영
노래 채연희

Slow GoGo ♩ = 80

이 슬방울 의 아 침햇빛 보다 -

영 롱한 님이 시고 _ 금 구슬에 - 반 짝이는 -

빛 보 다 아 름 다운 님이 시 며 -

보 석 의 찬란한 빛 보다 눈 부 신 님이시기 에 생 각

만 하여도 설레이 고 이 름 만 들어 도 행 복 한 님

영 원 한 우 리 들의 님 이십 - 니 - 다

열반재일

작사 문재현
작곡 배신영
노래 채연희

Slow GoGo ♩ = 86

A

B

인 연 다 함 - 아 시 기 에 - 구 제 방 편 - 거 두 시 어 -
대 자 대 비 - 거 룩 하 신 - 가 르 치 심 - 이 세 상 에 -

열 반 드 신 - 그 자 재 는 - 그 누 구 가 - 흉 내 인 들 -
길 이 길 아 펼 쳐 져 서 - 그 언 젠 가 - 이 고 해 가 -

내 오 리 까 - 오 고 감 을 뜻 대 로 한
낙 원 으 로 - 되 는 날 을 믿 는 마 음

거 - 룩 함 에 정 례 합 니 다 정
우 - 러 러 서 정 례 합 니 다 정

례 합 - 니 다 -
례 합 - 니 다 -

Fine

성도재일

작사 문재현
작곡 배신영
노래 채연희

Slow GoGo ♩ = 78

찬양합니다　찬양합니다　도이루심찬양합니　다
맹세합니다　맹세합니다　부처님의뒤를이어　서

이세상에　그어떤-　일인들이보다　기쁘고거룩한일
생사고통　영원히-　면하게이끄신　봉화의바른불빛

있-으-리　그옛날의　오늘이룬
지-혜-로　어둔그늘　모두밝혀

부처님의　광명지혜　없었다-　면
부처님의　세상으로　바뀌놓-　는

중생들-　이　생사고통　면할길을
그일에-　서　제일가는　모습보여

감히어찌　알았으리　감사합니다
부처님의　은혜갚음　지켜보소서

감사합니다
지켜보소서

부록4 - 가슴으로 부르는 불심의 노래　247

석굴암의 노래

작사 문재현
작곡 배신영
노래 채연회

Moderato ♩ = 98

그윽히 내려 트인 / 높고높은산기슭에
태초의이마음이 / 무명으로경계이뤄

명월보다밝은 모습 / 근엄도하셔라뵈옵
꿈의세상이어져서 / 이런삶됐지만거룩

는 그순간 티끌번뇌 사라지니 한없
한 가르침 깊이새긴 실천으로 일상

이 고요하여 지-순한 마음일세 이마음
의 시시때때 생활화가 되는그날 이세상

속세에 있을때도 지속되면 거치른 이세상도 태평세
이대로가 정-토의 세상되어 노래와 춤으로써 길이길

계 될것일 세
이 즐길걸 세

간주 D.C. Fine

님의 모습

작사 문재현
작곡 배신영
노래 채연희

Slow Waltz ♩ = 82

합 장 속 의 봉 - 화 처 럼
대 자 비 의 육 - 신 통 을
님 의 모 습 그 - 위 력 에

나 타 나 신 모 - 습
갖 취 나 이 튼 모 마 -
보 림 이 룬 마 음

사 색 속 의 태 - 양 처 럼
우 리 들 의 온 - 갖 소 원
님 의 모 습 나 - 튼 찰 나

나 타 나 신 - 모 - 습
이 뤄 주 신 - 모 마 -
둘 이 아 닌 - 마 - 음

아 - 아 - 미 소 속 - 의
아 - 아 - 백 천 삼 의 매
아 - 아 - 님 의 모 - 습

무 지 개 를   타 - 고 나 - 툰 - 모 -
나 에 게 서   깨 - 워 주 - 신 - 모 -
그 대 로 가   유 - 마 묵 - 연 - 마 -

습 습
습 습
음

Fine

믿고 따르세

작사 문재현
작곡 배신영
노래 채연희

Dsico (double beat) ♩ = 136

고 - 해일 - 러   낙원이라 한   불보 - 살님그 - 말씀 의
참 - 나깨 - 친   밝은지혜로   선행 - 닦아사 - 상없 는

진 실한경지 알려 - 거든   보고들 는   그곳향 해
일 상의생활 이루 - 는날   고해일 러   낙원이 란

명 - 상하 - 게   명상 - 으로분 - 별
말 - 씀의 - 뜻   내 - 뜻 - 되 - 어

망 상없 - 어지 고   고요로 움   극해지 면
큰웃음을 - 껄껄짓 고   대장부로   삼계구 할

불 멸의 나 깨 - 치 네
서 원세 워 행 - 하 리

Fine

신명을 다하리

작사 문재현
작곡 배신영
노래 채연희

사바세계- 사 - 는 그게
죄 를 짓 는 바탕이라 크 나큰- 자 비 로 써
이 끄 시 는 가르침에 신 명 다 해 - 따 름 으로
두 텁- 다 는- 업 녹 으 면 무 명 깨 고 자 성 밝혀 큰 웃
음 을 지 으 리 - 니 그 - 날 - 에 가
르 치 신 큰 은 혜 를 갚 - 으 리 라 음 어 떤
고 난 있 - 다 해 도 큰 - 의 지 로 - 극 복 해 서 온 누
리 를 - 정 토 의 낙 원 으 로 이 루 - 리 라 그 - 날 -

코 러 스

음 - 음 -

부처님께 바치는 마음

작사 문재현
작곡 배신영
노래 채연희

감사합니다

작사 문재현
작곡 배신영
노래 채연회

감사합니다 환영합니다 이 땅 위에 오신 것을-
나를 깨우려 대자대비로 이 땅 위에 오셨기에-

축하합니다 경축합니다 성 중 성 인 오신 것을-
우리 모두가 감사함으로 우 러러 서 받 듭 니 다-

손에 손을- 서로 잡고- 모 두 함 께 즐거워서-
손에 손을- 서로 잡고- 노 래 하 고 춤 을 추 며-

발걸음도- 가 벼웁 게- 춤 을 춥- 니 다-
나날마다- 오 늘 같 길- 기 도 합- 니 다-

춤 을 춥- 니 다-
기 도 합- 니 다-

To - A② no rep

교 화 가

작사 문재현
작곡 배신영
노래 채연희

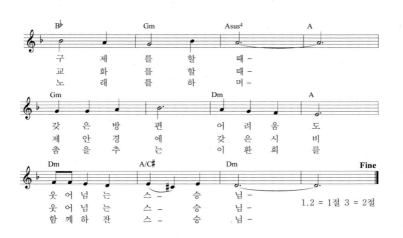

구 제 를 할 때 –
교 화 를 할 때 –
노 래 를 하 며 –

갖 은 방 편 어 려 움 도
제 안 경 에 갖 은 시 비
춤 을 추 는 이 환 희 를

웃 어 넘 는 스 – 승 님 –
웃 어 넘 는 스 – 승 님 –
함 께 하 잔 스 – 승 님 –

1.2 = 1절 3 = 2절

섬진강 소초

작사 문재현
작곡 배신영
노래 채연희

Slow GoGo ♩ = 84

광양-포구 팔십-리의 거룻배에 몸을 싣 고
하동-포구 팔십-리에 거룻배를 띄워놓 고

석양노을 고운빛에 물새도 맘 읽누 나
노을들어 법문하니 어우러진 웃음이 네

광양하동 어우름의 한결같은 섬진강 은
이 위력이 세상그늘 모두거둬 열린세 상

머언머언 그날에도 오늘처럼-흐르리 라
평등낙원 누림으로 노래하며-살게되 리

우리도저런 맘 길이지녀 누리며사 세
그날을위한 삶 모두함께 노력해사 세

Fine

권 수 가 1

작사 문재현
작곡 배신영
노래 채연희

Bounce ♩ = 120

아니아니- 닦지 는 못하리라 -   일 분과 일 각- 도-
아니아니- 닦지 는 못하리라 -   한송이 떨어진 꽃을낙 화 진 다 고

허 - 송하지말게 눈 - 감 아 -   뜨 는사이백- 발 - 과 주 름일세 -
서러워마라한번 피 - 었 다 -   꽃 이지듯우리저렇듯 지 고마 는 -

어 서수행을하 여영원한   참나를알고사 - 세 -
슬 픈나날이흘러흘 - 러   흘러만가니어이하 리 -

이 것이것 이것이뭐 꼬   뭐꼬라고한 -   이것이 뭐
차 착각 - 저초침소 리   검은옷으로 -   다 가오

꼬 -   보 일듯이아니보 이 고
는 -   저 승의사자소 - 리

이룰듯 하다 가 놓쳤으니 - 하루하루가 태산만같게
어찌아 니 슬플쏜가 - 숙 - 명적인 인과라해도

커져만 - 가는게 의심일세 - 얼씨구나 좋 다 -
극복해 - 넘기에 어려움네 - 얼씨구나 좋 다 -

지 화 자 좋 네 - 아니닦지 는 -코 러 스 -
지 화 자 좋 네 - 아니닦지 는

못 - 하 리 - 라 -
못 - 하 리 - 라 -

Fine

권 수 가 2

작사 문재현
작곡 배신영
노래 채연희

아니아니- 닦지 는 못하리라 - 적적요요달밝은- 밤- 에 -
아니아니- 닦지 는 못하리라 - 어지러운번뇌 - 망 - 상 -

단정히 눈 을감 은 깊 은삼 매 - 대상없는낙에취 해 짓 는미 소 -
털 - 고 이룬보리마음모 든 속 박 - 다떨치고호연지기를 누 리 는데 -

한산습득이 즐겨누리 는 그낙이아니 던 - 가 -
송죽바람 솔솔향기 그윽하고 - 그윽하 네 -

모 두 들 - 저런낙을- 누 리 려거든 - 닦 고 닦
산 새 도 - 노래하니 - 너 도좋고 - 나 도 좋

소 - 삼 세모든불보살 님 도
다 - 삼 세제불무현금 - 에

두타의 수행을 인내로써   하루하루를   수행해 왔 던
역-대조-사 무공적 의   명-월삼 경   이 좋은 밤 을

결실로-얻어진 과위라네   얼씨구나 좋 다
두둥실-두둥실 즐겨보세   얼씨구나 좋 다

지 화 자 좋 네   아니닦지 는   _코러스_
지 화 자 좋 네   아니닦지 는

못 - 하 리 - 라   Fine
못 - 하 리 - 라

우란분재일

작사 문재현
작곡 배신영
노래 채연희

Trot in4 (double beat) ♩ = 134

A Gm · Eb D7 Gm · Eb D7

B Gm · D7 · Gm Am7(b5) · 3 Dsus7 D

우 란 분 재 맞-이 해 서 대 자 대 비-부 처-님 을
정 성 어 린 마-음 으 로 이 고 득 락-비 옵-나 니

Gm · D7 · Eb · Am7 D7

이 자-리 에 청 해 모 셔 다 생 부 모 왕 생 극 락
세 상-애 착 모 두 끊 고 부 처 님 의 그 세 상 에

D7 · Gm · D7 · Gm

정 성 다 한 맘 입 니 다 지 혜 짧 아 못-미-쳐 서
나 시 기 만 원 합 니 다 다 생 겁 에 경-험-하 신

Gm · D · Gm · Cm6 · D7

중 한 은 혜 입-고 서 도 보 은 보 답 못 하 고 서
부 질 없 는 몸-종 노 룻 그 허 망 을 떨 침 만 이

Gm · D7 · Cm · Gm11

이 생 까 지 이-른 것 을 머 리-숙 여 부 처 님 께
윤 회 고 를 벗-어 나 는 길 이-오 니 그 리 되 길

Eb · D7 · D7 · Gm

참 회 합 니-다 참 회-합 니-다
비 옵 나 이-다 비 옵-나 이-다

Fine

고맙습니다

작사 문재현
작곡 배신영
노래 채연희

Waltz ♩ = 108

이런이도 고 마 웁고 저 런 이도 고 마 우며
이런일도 없 었고- 저 런 일도 없 었고-
어려운일 없 었다면 안 되 는일 없 었다면
참을인자 공 덕이- 어 질 인자 공 덕이-

모 - 두가고 맙 습 니 다- 음
모 - 두가없 었 다 - 면
고 - 마 움알 았 으 리 오
이 - 리도큰 거 란 - 걸-

음 백 겁 천 생 몹 - 쓸 업
알 고 보 니 님 - 의 은

장 닦 지못 했을걸 고 - 마 워
혜 님 의은 혜일세 고 - 마 워

요 고 마 워- 요 정 말정 말
요 고 마 워- 요 정 말정 말

고 맙 습 니 다 -
고 맙 습 니 다 -

Fine

믿음으로 여는 세상

작사 문재현
작곡 배신영
노래 채연희

Slow ♩ = 76

우리들 모두가 부처님의 지혜 - 활짝열린 가슴으로 써
우리들 모두가 참선을 할때는 - 모두 비워 명경지수 로

다 같이 도와서 - 살아들간 - 다면 훈풍같은 앞날이리 라
참 나 를 관조해 - 실경에사 - 무처 깨달아서 활짝웃는 날

아 - 즐 - 겁게 즐겁게 마 - 음을 다스려 참모습을 이루노라 면
아 - 즐 - 겁게 즐겁게 법 - 담을 함으로 꽃피울걸 맹세를하 고

정 - 토의 세상 이 우 리를 맞 - 으리 우리모두 기도합시
정 - 진에 정진 을 정 진에 정 - 진을 우리모두 실천합시

다 다 같이 기도합시 - 다
다 다 같이 실천합시 - 다

Fine

출가재일

작사 문재현
작곡 배신영
노래 채연희

염 원

작사 문재현
작곡 배신영
노래 채연희

Moderato GoGo ♩ = 114

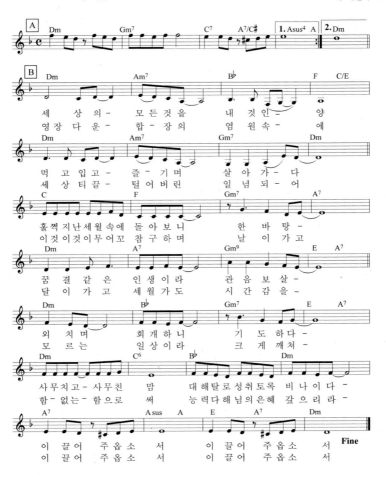

세 상 의 - 모 든 것 을　내 것 인 - 양
영 장 다 운 - 합 - 장 의　염 원 속 - 에

먹 고 입 고 - 즐 - 기 며　살 아 가 - 다
세 상 티 끌 - 털 어 버 린　일 념 되 - 어

훌 쩍 지 난 세 월 속 에 돌 아 보 니　한 바 탕 -
이 것 이 것 이 무 어 꼬 참 구 하 며　날 이 가 고

꿈 결 같 은　인 생 이 라　관 음 보 살 -
달 이 가 고　세 월 가 도　시 간 감 을 -

외 치 며　회 개 하 니　기 도 하 다 -
모 르 는　일 상 이 라　크 게 깨 쳐 -

사 무 치 고 - 사 무 친　맘　대 해 탈 로 성 취 토 록 비 나 이 다 -
함 - 없 는 - 함 으 로 써　능 력 다 해 님 의 은 혜 갚 으 리 라 -

이 끌 어　주 옵 소　서　이 끌 어　주 옵 소　서
이 끌 어　주 옵 소　서　이 끌 어　주 옵 소　서

Fine

우리네 삶, 고운 수로

작사 문재현
작곡 배신영
노래 채연희

Swing ♩ = 122

A

B

어리어리　어-우리　우리함께　사랑하며
어리어리　어-우리　남녀노소　식구처럼
어리어리　어-우리　남녀노소　식구처럼

어 울려 노래와 춤으로　나-
어 울려 나누는 맘으로　나-
어 울려 나누는 맘으로　나-

어리어리　　어-우리
어리어리　　어-우리
어리어리　　어-우리

우리네삶 고운수로 꾸며가세　세
우리네삶 고운수로 꾸며가세
우리네삶 고운수로 꾸며가세

Fine

숲속의 마음

작사 문재현
작곡 배신영
노래 채연희

Disco ♩ = 120

A

(가사)

푸른 숲-속의　　고 색질은 절 찾아
깊고 그-윽한　　산 사 찾아 온 마음
사 람 다-움을　　생 각 하며 걷 는 길

라 － 　　라 －　　친 구들과　굽 이 굽 이
라 － 　　라 －　　친 구들과　사 색 하는
라 － 　　라 －　　친 구들과　주 고 받는

걷 는 길　　가　　계 곡 물도　　반 － 기는
가 부 좌　　에　　관 음 보살　　미 － 소를
오 늘 의　　말　　길 가 볕도　　조 － 용한

소 리 좋고 도 　좋 　아　　콧 － 노 래　　응 －
짓 고 좋고 도 　좋 　아　　나 － 는야　　응 －
미 소 좋고 도 　좋 　아　　맘 － 노 래　　응 －

새 들 도　합 창 을 하 네
마 음 꽃 활 짝 피 었 네
숲 길 도 어 깨 춤 추 네

Fine

사 색

작사 대원 문재현
작곡 배신영

조 용 − 히 눈 − 감고 − 서 참 − 나를살펴 − 봐 요
조 용 − 한 사 − 색으 − 로 깨 − 달아살펴 − 보 면

갖 은 생 각 모든 행이 이 로 좇 아 있 건 만 − 은
온 갖 지 혜 모든 덕이 이 로 좇 아 있 − 음 − 에

색 깔도모양도없 어 알 − 고파서 사 색일세 모든걸내려놓고 −
그 능력베풀고펼 쳐 누 − 리려고 수 행일세 모두를다비우고 −

쉬 는시 간사 색으 로 한 걸음또한걸음 다가서는노력다해 기어이성취하여
님 의자 취따름으 로 한 걸음또한걸음 극락세계다가가서 기어이성취하여

낙 원 의 − 삶 − 누 리 려 네
너 나 없 − 이 − 누 려 보 세

천부경을 아시나요

작사 대원 문재현
작곡 배신영

우리조상 깊-.은진리 천부경을아시나 요
바른진리 깨-달아서 이세상을바로봐 요

여든 - - 한-자속에누 리의-온이-치- 를
마음 - -의 능-력으로펼 쳐놓은장엄-이- 라

남김없이- 담으셨-네- 필부의사내- 라 도
화려하고- 아름답-네- 이땅인이대- 로 가

마음을-갈고닦- 아 영원 한참-나깨- 쳐
낙원의-세계이- 니 노래 와춤-으로- 써

환인 - 큰은혜에보 답-해사 - 세
어깨- 동무하고영 원-히사 - 세

보 살 가

작사 대원 문재현
작곡 김동환

너무느리지않게 ♩ = 80

세상사에어 울린 구 제 의 길

어려움도웃어넘긴 이 마음을   흰 구름너도알리 라

성불의보리과를 이루기위해   두타의수행으로 써

이세계저세계서 닦았던보현행을 영원히펼치 — 리

도서출판 문젠(Moonzen)의 책들

1~5. 바로보인 전등록 (전30권을 5권으로)

7불과 역대 조사의 말씀이 1,700공안으로 집대성되어 있는 선종 최고의 고전으로, 깨달음의 정수가 살아 숨쉬도록 새롭게 번역되었다.

464, 464, 472, 448, 432쪽.

각권 18,000원

6. 바로보인 무문관

황룡 무문 혜개 선사가 저술한 공안집으로 전등록, 선문염송, 벽암록 등과 함께 손꼽히는 선문의 명저이다.

본칙 48개와 무문 선사의 평창과 송, 여기에 역저자인 대원 문재현 선사의 도움말과 시송으로 생명과 같은 선문의 진수를 맛보여 주고 있다.

272쪽. 12,000원

7. 바로보인 벽암록

설두 선사의 설두송고를 원오 극근 선사가 수행자에게 제창한 것이 벽암록이다.

이 책은 본칙과 설두 선사의 송, 대원 문재현 선사의 도움말과 시송으로 이루어져, 벽암록을 오늘에 맞게 바로 보이고 있다.

456쪽. 15,000원

8. 바로보인 천부경

우리 민족 최고(最古)의 경전 천부경을 깨달음의 책으로 새롭게 바로 보였다. 이 책에는 81권의 화엄경을 81자에 함축한 듯한 천부경과, 교화경, 치화경의 내용이 함께 담겨 있으며, 역저자인 대원 문재현 선사가 도움말, 토끼뿔, 거북털 등으로 손쉽게 닦아 증득하는 문을 열어놓고 있다.

432쪽. 15,000원

9. 바로보인 금강경

대원 문재현 선사의 『바로보인 금강경』은 국내 최초로 독창적인 과목을 내어 부처님과 수보리 존자의 대화 이면의 숨은 뜻을 드러내고, 자문과 시송으로 본문의 핵심을 꿰뚫어 밝혀, 금강경 전체를 손바닥 안의 겨자씨를 보듯 설파하고 있다.

488쪽. 15,000원

10. 세월을 북채로 세상을 북삼아

대원 문재현 선사의 선시가 담긴 선시화집 『세월을 북채로 세상을 북삼아』는 선과 시와 그림이 정상에서 만나 어우러진 한바탕이다. 선의 세계를 누리는 불가사의한 일상의 노래, 법열의 환희로 취한 어깨춤과 같은 선시가 생생하고 눈부시게 내면의 소리로 흐른다.

180쪽. 15,000원

11. 영원한현실

애매모호한 구석이 없이 밝고 명쾌하여, 너무도 분명함에 오히려 그 깊이를 헤아리기 어려운, 대원 문재현 선사의 주옥같은 법문을 모아 놓은 법문집이다.

400쪽. 15,000원

12. 바로보인 신심명

신심명은 양끝을 들어 양끝을 쓸어버리는, 40대치법으로 이루어진, 3조 승찬 대사의 게송이다. 이를 대원 문재현 선사가 바로 번역하는 것은 물론, 주해, 게송, 법문을 더해 통쾌하게 회통하고 자유자재 농한 것이 이『바로보인 신심명』이다.

296쪽. 10,000원

13~17. 바로보인 환단고기 (전5권)

『바로보인 환단고기』 1권은 민족정신의 정수인 환단고기의 진리를 총정리하여 출간하였다. 2권에는 역사총론과 태초에서 배달국까지 역사가 실려 있으며, 3권은 단군조선, 4권은 북부여에서부터 고려까지의 역사가 실려 있다. 5권에는 역사를 증명하는 부록과 함께 환단고기 원문을 실었다.

344 · 368 · 264 · 352 · 344쪽. 각권 12,000원

18~47. 바로보인 선문염송 (전30권)

선문염송은 세계최대의 공안집이다. 전 공안을 망라하다시피 했기에 불조의 법 쓰는 바를 손바닥 들여다보듯 하지 않고 는 제대로 번역할 수 없다. 대원 문재현 선사는 전 공안을 바로 참구할 수 있게끔 번역하고 각 칙마다 일러보였다.

352 368 344 352 360 360 400 440 376 392
384 428 410 380 368 434 400 404 406 440
424 460 472 456 504 528 488 488 480 512쪽
각권 15,000원

48. 앞뜰에 국화꽃 곱고 북산에 첫눈 희다

대원 문재현 선사의 선문답집으로 전강·경봉·숭산·묵산 선사와의 명쾌한 문답을 실었으며, 중앙일보의 <한국불교의 큰스님 선문답> 열 분의 기사와 기자의 질문에 대한 대원 문재현 선사의 별답을 함께 실었다.

200쪽. 5,000원

49. 바로보인 증도가

선종사에 사라지지 않을 발자취로 남은 영가 선사의 증도가를 대원 문재현 선사가 번역하고 법문과 송을 더하였다.

자비의 방편인 증도가의 말씀을 하나하나 쳐가는 선사의 일갈이야말로 영가 선사의 본의중과 일치하여 부합하는 것이라 아니할 수 없다.

376쪽. 10,000원

50. 바로보인 반야심경

이 시대의 야부 선사, 대원 문재현 선사가 최초로 반야심경에 과목을 붙여 반야심경 내면에 흐르는 뜻을 밀밀하게 밝혀놓고 거침없는 송으로 들어보였다.

200쪽. 10,000원

51~52. 선(禪)을 묻는 그대에게 (전10권 중 2권)

대원 문재현 선사의 선수행에 대한 문답집. 깨달아 사무친 경지에 대한 밀밀한 점검과, 오후보림에 대한 구체적인 수행법 제시와, 최초의 무명과 우주생성의 원리까지 낱낱이 설한 법문이 담겨 있다.

280쪽, 272쪽. 각권 15,000원

53. 바로보인 선가귀감

선가귀감은 깨닫고 닦아가는 비법이 고스란히 전수되어 있는 선가의 거울이라 할 만하다. 더욱이 바로보인 선가귀감은 매 소절마다 대원 문재현 선사의 시송이 화살을 과녁에 적중시키듯 역대 조사와 서산대사의 의중을 꿰뚫어 보석처럼 빛나고 있다.

352쪽. 15,000원

54. 바로보인 법융선사 심명

심명 99절의 한 소절, 한 소절이 이름 그대로 마음에 새겨두어야 할 자비광명들이다. 이 심명은 언어와 문자이면서 언어와 문자를 초월한 일상을 영위하게 하는 주옥같은 법문이다.

278쪽. 12,000원

55. 주머니 속의 심경

반야심경은 부처님이 설하신 경 중에서도 절제된 경으로 으뜸가는 경이다. 대원 문재현 선사의 선송(禪頌)도 그 뜻을 따라 간략하나 선의 풍미를 한껏 담고 있다. 하루에 한 소절씩을 읽고 참구한다면 선 수행의 지름길이 될 것이다.

84쪽. 5,000원

56. 바로보인 법성게

법성게는 한마디로 화엄경의 핵심부를 온통 훤출히 드러내놓은 게송이다. 짧은 글 속에 일체의 법을 이렇게 통렬하게 담아놓은 법문도 드물 것이다.

이렇게 함축된 법성게 법문을 대원 문재현 선사가 속속들이 밀밀하게 설해놓았다.

176쪽. 10,000원

57. 달다 - 전강 대선사 법어집

이제는 전설이 된 한국 근대선의 거목인 전강 선사님의 최상승법과 예리한 지혜, 선기로 넘쳤던 삶이 생생하게 담겨 있는 전강 대선사 법어집 < 달다 > !
전강 대선사님의 인가 제자인 대원 문재현 선사가 전강 대선사님의 법거량과 법문, 일화를 재조명하여 보였다.

368쪽. 15,000원

58. 기우목동가

그 뜻이 심오하여 번역하기 어려웠던 말계 지은 선사의 기우목동가!
대원 문재현 선사가 바른 뜻이 드러나도록 번역하고, 간결한 결문과 주옥같은 선송으로 다시 보였다.

146쪽. 10,000원

59. 초발심자경문

이 초발심자경문은 한문을 새기는 힘인 문리를 터득하게 하기 위하여 일부러 의역하지 않고 직역하였다.
대원 문재현 선사의 살아있는 수행지침도 실려 있다.

266쪽. 10,000원

60. 방거사어록

방거사어록은 선의 일상, 선의 누림을 보여주는 대표적인 선문이다. 역저자인 대원 문재현 선사는 방거사어록의 문답을 '본연의 바탕에서 꽃피우는 일상의 함'이라 말하고 있다. 법의 흔적마저 없는 문답의 경지를 온전하게 드러내 놓은 번역과, 방거사와 호흡을 함께 하는 듯한 '토끼뿔'이 실려 있다.

266쪽. 15,000원

61. 실증설

이 책의 모태는 대원 문재현 선사가 2010년 2월 14일 구정을 맞이하여 불자들에게 불법의 참뜻을 보이기 위해 홀연히 펜을 들어 일시에 써내려간 이 책의 3부이다. 실증한 이가 아니고는 설파할 수 없는 일구 도리로 보인 이 3부와 태초로부터 영겁에 이르는 성품의 이치를 문답과 인터뷰 법문으로 낱낱이 설한 1, 2를 보아 실증하기를…

224쪽. 10,000원

62. 하택신회대사 현종기

육조대사의 법이 중국천하에 우뚝하도록 한 장본인, 하택신회대사의 현종기. 세간에 지해종도로 알려져 있는 편견을 불식시키는 뛰어난 깨달음의 경지가 여기에 담겨있다. 대원 문재현 선사가 하택신회대사의 실경지를 드러내고 바로보임으로써 빛냈다.

232쪽. 10,000원

63. 불조정맥 - 韓·英·中 3개국어판

석가모니불로부터 현 78대에 이르기까지 불
조정맥진영(佛祖正脈眞影)과 정맥전법게(正脈傳
法偈)를 온전하게 갖춘 최초의 불조정맥서.
대원 문재현 선사가 다년간 수집, 정리하여
기도와 관조 끝에 완성한 『불조정맥』을 3개
국어로 완역하였다.

216쪽. 20,000원

64. 바른 불자가 됩시다

참된 발심을 하여 바른 신앙, 바른 수행을
하고자 해도, 그 기준을 알지 못해 방황하는
불자님들을 위해 불법의 바른 길잡이 역할
을 하도록 대원 문재현 선사가 집필하여 출
간하였다.

162쪽. 10,000원

65. 누구나 궁금한 33가지

21세기의 인류를 위해 모든 이들이 가장 어
렵고 궁금해 하는 문제, 삶과 죽음, 종교와
진리에 대한 바른 지표를 제시하고자 대원
문재현 선사가 집필하여 출간하였다.

180쪽. 10,000원

66. 108진참회문 - 韓·英·中 3개국어판

전생의 모든 악연들이 사라져 장애가 없어지고, 소망하는 삶을 살게 하기 위해 대원 문재현 선사가 10계를 위주로 구성한 108 항목의 참회문이다. 한 대목마다 1배를 하여 108배를 실천할 것을 권한다.

170쪽. 15,000원

67. 달마의 일할도 허락지 않는다

대원 문재현 선사의 짧고 명쾌한 법문집. 책을 잡는 순간 달마의 일할도 허락지 않는 선기와 맞닥뜨리게 될 것이다. 때로는 하늘을 찌를 듯한 기세와, 때로는 흔적 없는 공기와도 같은 향기를 일별하기를…

190쪽. 10,000원

68. 마음대로 앉아 죽고 서서 죽고

생사를 자재한 분들의 앉아서 열반하고 서서 열반한 내력은 물론 그분들의 생애와 법까지 일목요연하게 수록해놓았다.

446쪽. 15,000원

69. 화두 - 韓·英·中 3개국어판

『화두』는 대원 문재현 선사의 평생 선문답의 결정판이다. 생생하게 살아있는 선(禪)을 한·영·중 3개국어로 만날 수 있다. 특히 대원 문재현 선사의 짧은 일대기가 실려 있어 그 선풍을 음미하는 데에 큰 도움을 주고 있다.

440쪽. 15,000원

70. 바로보인 간당론

법문하는 이가 법리를 모르고 주장자를 치는 것을 눈먼 주장자라 한다. 법좌에 올라 주장자 쓰는 이들을 위해서 대원 문재현 선사가 간당론에서 선리(禪理)만을 취하여 『바로보인 간당론』을 출간하였다.

218쪽. 20,000원

71. 완전한 우리말 불공예식법

부처님께 공양을 올리고 불보살님의 가피를 구하는 예법 등을 총칭하여 불공예식법이라 한다. 대원 문재현 선사가 이러한 불공예식의 본 뜻을 살려서 완전한 우리말본 불공예식법을 출간하였다.

456쪽. 38,000원

72. 바로보인 유마경

유마경은 가히 불법의 최정점을 찍는 경전이라 할 것이니, 불보살님이 교화하는 경지에서의 깨달음의 실경과 신통자재한 방편행을 보여주는 최상승 경전이다. 대원 문재현 선사가 < 대원선사 토끼뿔 >로 이 유마경에 걸맞는 최상승법을 이 시대에 다시금 드날렸다.

568쪽. 20,000원

73. 실증설 5개국어판 - 韓·英·佛·西·中

대원 문재현 선사가 불법의 참뜻을 보이기 위해 홀연히 펜을 들어 일시에 써내려간 실증설! 실증한 이가 아니고는 설파할 수 없는 도리로 가득한 이 책이 드디어 영어, 불어, 스페인어, 중국어를 더하여 5개국어로 편찬되었다.

860쪽. 25,000원

74. 누구나 궁금한 33가지 3개국어판 - 韓·英·中

누구라도 풀어야 할 숙제인 33가지의 의문에 대한 답을 21세기의 현대인에게 맞는 비유와 언어로 되살린 『누구나 궁금한 33가지』가 한글, 영어, 중국어 3개국어로 출간되었다.

408쪽. 15,000원

75. 달마의 일할도 허락지 않는다 3개국어판 - 韓·英·中

대원 문재현 선사의 짧고 명쾌한 법문집인 『달마의 일할도 허락지 않는다』가 한글, 영어, 중국어 3개국어로 출간되었다. 전세계에서 유일하게 활선의 가풍이 이어지고 있는 한국, 그 가운데에서도 불조의 정맥을 이은 대원 문재현 선사가 살활자재한 법문을 세계로 전하고 있는 책이다.

308쪽. 15,000원

76~80. 화엄경 (전81권 중 5권)

대원 문재현 선사님은 선문염송 30권, 전등록 30권을 모두 역해하여 세계 최초로 1,463칙 전 공안에 착어하였다. 이러한 안목으로 대천세계를 손바닥의 겨자씨 들여다보듯 하신 불보살님들의 지혜와 신통으로 누리는 불가사의한 화엄세계를 열어보였다.

206, 256, 264, 278, 240쪽. 각권 15,000원

법문 MP3를 주문판매합니다

부처님의 78대손이신 대원(大圓) 문재현(文載賢) 전법선사님의 법문 MP3가 나왔습니다. 책으로만 보아서는 고준하여 알기 어려웠던 선문(禪文)의 이치들이 자세히 설하여져 있어서, 모든 궁금증을 시원하게 풀어줄 것입니다.

- 천부경 : 15,000원
- 신심명 : 30,000원
- 현종기 : 65,000원
- 기우목동가 : 75,000원
- 반야심경 : 1회당 5,000원 (총 32회)
- 선가귀감 : 1회당 5,000원 (총 80회)

- 금강경 : 40,000원
- 법성게 : 10,000원
- 법융선사 심명 : 100,000원

대원 선사님 작사 노래 CD 주문판매합니다

가슴으로 부르는
불심의 노래

1. 서원가 (3:36)
2. 반조 염불가 (4:00)
3. 소중한 삶 (2:30)
4. 석가모니불 (4:52)
5. 뱅서의 노래 (4:25)
6. 영원의 노래 (3:25)
7. 음성 공양 (3:51)
8. 발 심 가 (3:05)
9. 자비의 품 (4:10)
10. 부처님 은혜(첫 번째) (4:34)

11. 보살의 마음 (3:50)
12. 이 생에 해야 할 일 (3:08)
13. 구도의 목표 (3:18)
14. 님은 아시리 (3:42)
15. 부처님 은혜(두 번째) (4:34)
16. 성중성인 오셨네 (3:10)
17. 내 문제는 내가 풀자 (2:38)
18. 즐거운 밤 (2:27)
19. 관 음 가 (2:48)

• 가격 : 2만원

가슴으로 부르는
불심의 노래 2

1. 부 처 님 (4:01)
2. 열반재일 (3:09)
3. 성도재일 (4:00)
4. 석굴암의 노래 (3:19)
5. 님의 모습 (3:15)
6. 믿고 따르세 (2:55)
7. 신명을 다하리 (4:17)
8. 부처님께 바치는 마음 (3:49)
9. 감사합니다 (3:10)
10. 교 화 가 (4:30)

11. 심현강 소호 (3:08)
12. 편 수 가[1] (3:02)
13. 편 수 가[2] (3:02)
14. 우란분재일 (3:38)
15. 고맙습니다 (2:31)
16. 믿음으로 여는 세상 (3:05)
17. 출가재일 (2:44)
18. 업 원 (2:52)
19. 우리네 삶, 고운 수로 (2:35)
20. 숲속의 마음 (2:33)

• 가격 : 1만5천원

문의 전화 ☎ 031-534-3373

유튜브에서 채널 구독하시고
무료로 찬불가 앨범을 감상하세요

유튜브에서 MOONZEN을 검색하시거나
아래의 주소로 접속해주세요

http://www.youtube.com/user/officialMOONZEN

화엄경 6권은 이룬절 포천정맥선원 곽창규, 박진경님의 보시에 의해 출간되었습니다. 이 무량공덕으로 구경 성불하시기를 기원합니다.